# 소크라테스는 왜 우리 집 벨을 눌렀을까?

타임슬립 철학여행1 식탁 위의 4대 성인

# 소크라테스는 왜 우리 집 벨을 눌렀을까?

김경윤 지음

우리학교

지혜루

여러분은 '소크라테스가 우리 집에 온다면?'이라는 상상을 해 본 적이 있나요? 소크라테스님과 함께 하루를 보내며 삼시 세 끼를 나눌 수 있다면 여러분은 무엇을 먹고, 어떤 말을 나누고, 어떤 일을 하면서 시간을 보내고 싶으신가요? 이 책 『소크라테스는 왜 우리 집 벨을 눌렀을까?』는 이러한 '인문학적 상상'으로부터 출발했습니다. '타임머신을 타고 떠나는 시간 여행'이 과학적으로는 아직도 머나먼 미래의 일이지만, 인문학적으로는 얼마든지 상상 가능한 이야기니까요.

제목에서 알 수 있듯이 시간을 넘나드는 우리의 첫 여행지는 바로 우리 집입니다. 본디 여행은 낯선 곳으로 떠나는 것이지만, 이번 여행은 고전의 대가들인 공자, 부처, 소크라테스, 예수를 우리 집으로 초대했지요. 4대 성인을 집으로 초대해서 하루 삼시 세 끼를 나누며 이야기를 나누는 이른바, 4대 성인과 함께하는 하루 홈스테이라고나 할까요? 먹는 일처럼 즐거운 일은 없어요. 음식 앞에서는 누구나 행복해지지요. 성인이라고 다르겠어요? 우리는 성인들과 식사를 함께 나누면서, 성인의 삶과 고민, 깨달음에 대해서 즐겁게 알아 갈 수 있을 거예요. 그래서 '타임슬립 철학여행 1 : 식탁 위의 4대 성인'이라는 부제를 붙였답니다.

성인 하면 뭔가 위대한 사람, 우리와는 다른 사람, 거리감이 있는 사람이라 생각하기 쉬워요. 하지만 성인들도 우리처럼 웃고 울고 먹고 싸고 말하며 힘들게 살아갔던 사람들이에요. 성인들의 일상사가 없다면 성인들의 위대함도 없는 거지요. 그래서 성인을 일상사로 초대해서 그분들의 이야기를 가깝게 들어볼까 해요.

이 책은 대화 형식으로 썼어요. 대화는 일상을 살아가는 우리의 모습이기도 하고, 성인들이 자신의 지혜를 나누는 방법이기도 하지요. 『논어』는 공자님과 제자, 또는 정치가들과의 대화를 기록한 거예요. 플라톤이 쓴 『대화편』도 소크라테스님이 주변 사람들과 나눈 대화를 기록한 것이고요. 수많은 『불경』에도 부처님의 대화가 넘쳐 나고, 『복음서』도 예수님과 제자, 주변 사람들과 나눈 대화로 대부분 구성되어 있어요.

성인의 깨달음은 성인들이 살아가는 시대의 구체적인 문제에 대한 답변이에요. 그리고 그 답변들은 같은 시대에 평범한 사람들에게 전달되었지요. 깨달음이 아무리 심오하다 하더라도 일상어로 바꿀 수 없다면 의사소통이 불가능해요. 그래서 이 책에서는 전문적인 용어를 최대한 자제하고 일상적인 말로 바꾸려고 노력했어요. 여러분이 생활 속에서 경험할 수 있는 구체적인 이야기도 함께 실었고요.

이 책은 5년 전에 쓴 『청소년을 위한 인문학 레시피』의 개정판입니다. 전체의 큰 틀은 바꾸지 않고, 작지만 섬세하게 다듬고 고쳐 썼습니다. 아울러 이 책에 이어 새롭게 출간될 『장자는 낚시터에서 무엇을 낚았을까?』(가제)도 기대해 주세요. 여러분과 함께 떠날 두 번째 '타임슬립 철학 여행'은 바로 스펙터클한 과거로의 여행이 될테니까요. 항상 후속작은 언제 나오느냐고 물었던 독자들에게 반가운 소식을 전할 수 있어서 다행입니다.

여행은 참으로 설레는 일이지요. 낯선 곳에서 낯선 이와 만나면서 우리의 몸도 마음도 새롭게 변화하게 되니까요. 책 속으로 떠나는 여행이지만, 재미난 일들이 많이 벌어질 거예요. 자, 이제 여행을 떠날 시간이 되었네요. 다들 편안한 복장에, 맛난 음식도 챙겨서 함께 시간 여행을 떠나 볼까요? 4대 성인을 만나러, 출발!

2019년 황금돼지해를 맞이하며

김경윤

차례

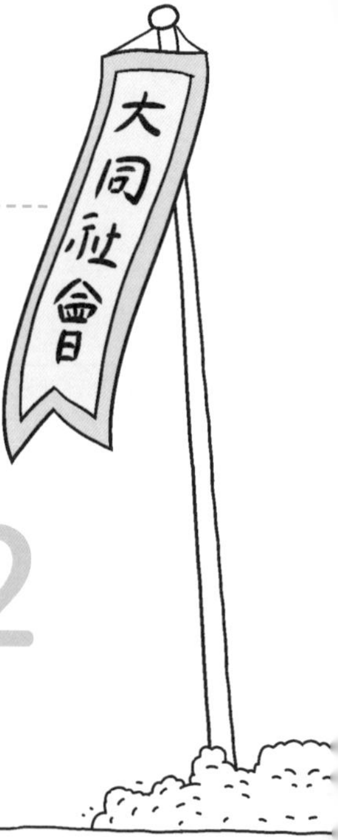


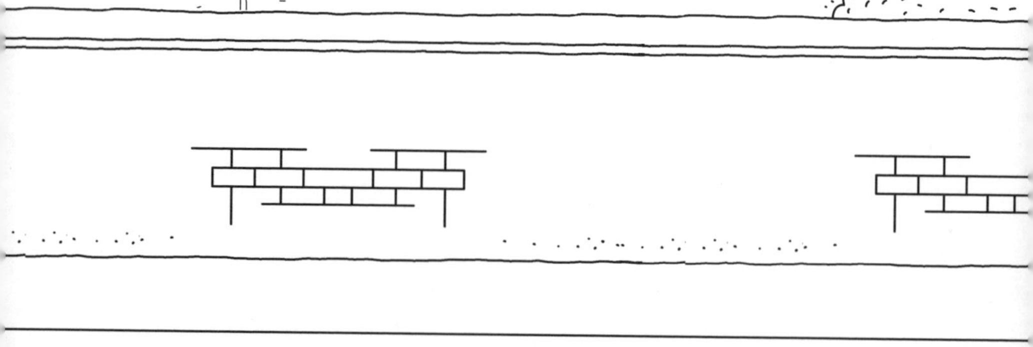

신앙
이성
신학
철학

# 이 책에 등장하는 4대 성인과
# 성준·민주네 가족을 소개합니다

괘활하고 유머 감각이
넘치는 인문학 강사
**아빠**

때론 따뜻하고,
때론 냉철한 독서지도사
**엄마**

풍부한 상식만큼 먹는 것을
좋아하는 '식신황제'
**성준**

궁금한 게 참 많은
'호기심천국'
**민주**

배우기를 좋아하는 스승
**공자님**

집착하지 않는 삶
**부처님**

가장 지혜로운 철학자
**소크라테스님**

잔치하는 신의 아들
**예수님**

# 프롤로그

# 4대 성인을
# 우리 집으로 초대하다,
# 믿거나 말거나

## 성인들은 어떤 식사를 했을까?

얘들아, 밥 먹자.

자, 맛있는 밥을 먹어 볼까?

오늘도 식탁이 완전 '저 푸른 초원'이네요. 우리 집은 엥겔계수[1] 가 너무 낮아. 이러다가 영양실조 걸리겠어요.

맞아. 우리도 고기 좀 먹어요.

어허! 아침부터 웬 고기 타령이야.

아빠, 아빠가 모르고 하시는 소리예요. 아침은 황제처럼, 점심은 평민처럼, 저녁은 거지처럼! 이게 요즘 유행하는 식사법이라고요.

너는 늘 황제처럼 먹잖아. 그래서 몸이 네로 황제처럼 변한 거잖니.

아, 엄마~

그런데 아빠! 공자님하고 부처님하고 예수님하고 에, 또, 누구더라…….

소크라테스님!

그래, 소크라테스님. 그분들도 우리처럼 먹었을까요?

꼭 자기 같은 질문만 한다.

뭐, 뭐! 내 질문이 어때서 그래?

그래, 민주 질문이 뭐 어때서. 자, 그럼 어디 보자. 공자님하고 부처님하고 예수님하고 소크라테스님 중에 누가 제일 잘 드셨을까?

당신도 참, 밥을 앞에 두고 또……. 그런데 나도 궁금하긴 하네.

아마 소크라테스님이 가장 잘 드셨을걸. 소크라테스님의 제자 플라톤이 쓴 『향연』[2]이란 책을 보면, 여러 사람이 모여 식사하면서 철학적 이야기를 하는 장면이 있거든. '향연'이라는 말에서 알 수 있듯이 잔치에 먹을 것이 없어서는 안 되겠지. 아테네 사람들은 평소에도 사람들을 초대해서 좋은 음식과 철학, 정치, 예술 등 진지한 이야기를 나누었단다. 그러니 자주는 아니겠지만 아주 잘 드셨을 거야. 그렇다고 넘치게 드시지는 않았지.

와, 그럼 2등은요?

공자님. 공자님이 높은 벼슬을 지낼 때에는 잘 드셨을 거야. 잠시 동안이었지만 노나라에서 사구(외무부 장관)와 대사구(법무부 장관)를 역임했거든. 그렇지만 권력을 잃은 후 노나라를 떠나서 제자들과 전국을 떠돌 때는 식사의 질이 들쭉날쭉했지. 며칠 동안 굶었다는 일화

**① 엥겔계수**
독일의 통계학자 엥겔이 벨기에 노동자의 가정경제를 조사하면서 발견한 법칙. 살림살이에서 지출한 총액 중 저소득 가정일수록 식료품비가 차지하는 비율이 높고, 고소득 가정일수록 식료품비가 차지하는 비율이 낮음을 발견했다. 즉, 총 가정경제 지출액에서 식료품비가 차지하는 비율을 말한다.

**②『향연饗宴』**
플라톤의 『대화편』 중 하나다. 비극 대회에서 우승한 아가톤이 우승을 축하하려고 향연을 베풀었는데, 여기에 참석한 소크라테스와 여러 사람들이 사랑에 대해 나눈 대화 내용을 담고 있다.

도 있으니까.

그럼 3등은 부처님인가?

3등은 예수님일걸? 예수님은 주로 가난한 사람들과 어울렸기 때문에 훌륭한 식사는 못했지만, 먹고 마시는 것을 즐겼지. 마지막 4등은 단연 부처님이지. 출가 이전에는 왕족이었기 때문에 가장 질 높은 식사를 했지만, 출가하고 나서는 금욕 생활과 걸식(음식을 빌어먹음)乞食을 원칙으로 했으니까 잘 드시지 못했을 거야.

에이~ 아빠, 뻥이 너무 심한 거 같아요. 아빠가 그걸 어떻게 알아요? 괜히 재밌으라고 지어낸 이야기죠?

아니야. 우리 아빠가 얼마나 똑똑한데.

역시 민주가 사람 보는 눈이 있어^^ 아빠가 한 이야기는 그냥 지어낸 게 아니고, 여러 가지 책을 읽고 인문학적 상상력을 발휘해서 빚어낸 거야. 그러니까 전혀 근거 없는 이야기는 아니라는 거지.

## '4대 성인'을 정하는 기준

그런데 여보, 궁금한 게 있는데 우리가 흔히 '4대 성인'이라고 말하는 그 네 분 말고는 성인이 없나요? 그분들을 4대 성인이라고 정한 건 언제부터예요? 투표로 정한 건지, 아니면 누군가 자기 마음대로 정한 건지 궁금해요.

성인이 왜 그분들밖에 없겠어요. 무수히 많지요. 4대 성인이 우리에게 알려진 것은 20세기 서양 철학자 카를 야스퍼스[3]가 『위대한 사상가들』이라는 책에서 이들을 성인의 반열에 올려놓았기 때문이에요. 야스퍼스는 그들을 성인으로 선정한 이유를 이렇게 말했어요. "세계의 위대한 인물을 꼽으면 지금까지 고찰한 네 명의 위인 외에도 아브라함, 모세, 엘리야, 조로아스터, 이사야, 예레미아, 마호메트, 노자, 피타고라스 등이 있다. 그러나 우리가 고찰한 네 사람만큼 역사적으로 깊이 있고 지속적인 영향을 끼친 인물은 없다. 유일하게 마호메트만은 역사적 영향력에서 네 명의 위인과 어느 정도 견줄 만하지만 인간적인 깊이에서는 이들을 따라갈 수 없다." 야스퍼스의 기준은 '역사적으로 깊이 있고 지속적인 영향을 끼친 인물'이었던 거죠. 네 명 중 세 명은 종교의 창시자 역할을 했어요. 공자님은 유교, 부처님은 불교, 예수님은 기독교의 창시자였지요. 소크라테스님은 종교의 창시자는 아니지만 서양 철학사에 가장 큰 영향력을 행사한 사람이었어요. 개인적으로는 노자나 장자를 더 좋아하지만, 이들 네 명을 성인의 반

③ **카를 야스퍼스**
**(Karl Jaspers, 1883~1969년)**
독일의 철학자로, 1883년 2월 올덴부르크에서 출생했다. 하이델베르크와 뮌헨에서 법률을 배웠으나 후에는 의학을 공부했다. 「향수와 범죄」라는 논문으로 의학박사가 된 후, 심리학과 철학을 강의했다. 1947년 '프랑크푸르트 괴테상'을 받고 하이델베르크 학술 아카데미 회원이 됐으며, 1969년에 세상을 떠났다. 지은 책으로 『일반정신병리학』 『세계관의 심리학』 『철학』 『이성과 실존』 『대 철학자』 등 여러 권이 있다.

열에 올린 것에 동의할 수 있을 것 같아요.

엄마 아빠, 이야기는 그만하시지요. 국이 다 식었잖아요.

나는 재밌기만 한데…….

웬일이야, 민주가?

저라고 뭐, 맨날 컴퓨터 게임만 좋아하라는 법 있나요?

오~ 우리 민주가 4대 성인에게 이렇게 관심이 있는 줄 몰랐는데?

아빠, 민주가 4대 성인에게 관심이 있는 건 민주네 담임 선생님이 숙제를 내주셨기 때문이래요.

혀~엉!

자, 이제 모든 음모가 들통났으므로 식사를 계속하심이 좋은 줄로 아뢰오. 히히히.

학교 숙제가 아니더라도, 4대 성인에 대해서는 한 번쯤 관심을 가져 볼 만하지. 우리 민주 숙제를 계기로 4대 성인에 대해서 알아보는 건 어떨까?

전 관심이 없는 줄로 아뢰오.

관심을 가져야 할 줄로 아뢰오.

요즘 관심 가져야 할 일이 얼마나 많은데요. 학원에서 배워야 할 것도 많고요. 제발 저는 빼 주세요.

그래요 여보, 요즘 아이들은 시간이 너무 없어요.

그러면 이렇게 하자. 아빠는 너희들이 듣기 원할 때만 이야기하기!

정말요? 그러면 저는 찬성.

저도 찬성.

오케이. 그러면 우리 식구 모두가 찬성했으니, 오늘 저녁은 아빠가 치킨을 쏜다.

성은이 망극하옵니다.

감사합니다.

(딩동딩동)

얘들아, 치킨 왔다.

신난다~ 치킨이다!

그런데 아빠, 4대 성인은 분명 좋은 집에서 태어났겠지요? 부처님은 왕자였다고 하던데 다른 사람들은 어땠어요?

아니, 뜬금없이 그런 걸 왜 물어?

좋은 집에서 태어났으면 어렸을 때 먹고 싶은 것들을 마음껏 먹었을 것 같아서요.

아이고, 우리 식신황제님은 결국 먹는 이야기로 돌아오는군요^^

자, 질문이 들어왔습니다. 입으로는 치킨을 먹으면서 귀는 나에게 쫑긋해 주세요.

네에!

## 소크라테스의 탄생

그리스 아테네에서 기원전 470년경에 태어난 소크라테스님은 석공이었던 아버지와 산파였던 어머니 사이에서 태어났어. 한마디로 평범한 탄생이지. 유산이라고는 쥐꼬리만큼 받았으니까 성준이가 상상하는 것만큼 넉넉하게 살지는 못했을 거야. 그 외에는 기록에 남아 있는 것이 없어서 나도 잘 모르겠어.

아니, 아빠가 모르는 것도 있어요?

그럼. 아빠도 모르는 것투성이지. 너희들보다 조금 더 많이 안다고 생각하면 돼.

저는 아빠가 모든 것을 안다고 생각했어요.

아빠가 신이냐, 모든 것을 알게. "자로야, 내가 너에게 안다는 것에 대해 알려 주마. 아는 것을 안다고 말하고 모르는 것을 모른다고 해라. 그것이 진짜 아는 것이다." 공자님이 아는 척을 많이 하는 제자 자로에게 하신 말씀이야.

그러니까 아빠도 모르는 걸 모른다고 말했기 때문에 진짜 아는 거라고요?

뭐 그런 셈이지. 우리 민주가 아주 총명한걸.

그거 참 묘하네. 모른다고 말하는 것이 아는 것이다. 이런 걸 역설[4] 이라고 하나?

오~ 성준이가 형이라고 뭔가 좀 아는데.

"아는 것이 힘이다." 프란시스 베이컨![5]

어쭈, "나는 내가 아무것도 모른다는 것을 안다."라고 소크라테스님이 말했지.

④ **역설**逆說, paradox
앞말과 뒷말이 서로 이치에 어긋나게 해 더욱 심화된 의미를 전달하기 위한 서술 방식이다. 예를 들어 '소리 없는 아우성', '행복한 죄', '찬란한 슬픔의 봄' 등이 있다.

⑤ **프란시스 베이컨**
**(Francis Bacon, 1561~1626년)**
영국의 철학자로 자연을 연구하는 방법에서 실험적 관찰을 중시했다. 근대 과학의 선구자로 알려져 있다. 『소저작』 『대저작』 등을 썼다.

소크라테스님처럼 위대한 사람이 아무것도 몰랐다는 게 말이 돼요? 말도 안 돼.

맞아. 소크라테스님이 아무것도 모르는 건 아니야. 하지만 소크라테스님은 항상 자신이 아는 것에 대해서 의심했지. 그래서 묻고 또 물었어. 완전한 지식에 도달할 때까지 말이야. 계속 묻는 과정에서 자신이 얼마나 많은 것에 무지했는지 깨달았기 때문에 그렇게 말했던 거야.

## 공자의 탄생

소크라테스님과 마찬가지로 공자님도 아주 평범한 집안에서 태어났어. 태어난 곳은 중국의 노나라이고 태어난 해가 기원전 551년이니까 소크라테스님보다 한 80여 년 선배인 셈이지. 아버지 숙량흘은 하급무사 출신으로 기골이 장대한 인물이었고, 어머니 안징재는 무당 출신이었다는 이야기도 있지만 평범한 여인이었어. 소크라테스님처럼 공자님도 신분이 높지 않은 선비 출신으로 태어났어. 설상가상으로 공자님이 세 살 되던 해에 아버지가 돌아가신 후 가세는 더욱 기울었어. 홀어머니 곁에서 자랐으니 어렸을 때부터 아주 고생을 많이 했을 거라고 상상할 수 있지.

아주 실망인데요. 성인이라고 해서 대단한 집안에서 태어난 줄 알았는데 저와 별 차이가 없다니.

그러게.

실망하는 게 아니라 기분 좋아져야 하는 거 아닌가? 위대한 성인의 탄생이 성준이의 탄생과 비슷하다는 이야기는 현대인에게도 많은 용기를 주잖니. 우리도 노력하면 성인이 될 수 있다는 상상은 안 해 봤어?

아뇨, 전혀요.

공자님의 사상을 따르던 후대의 학자 맹자는 어떤 사람이 "당신과 보통 사람의 차이점이 무엇인가?"라고 묻자, 이렇게 답했어. "내가 어찌 보통 사람과 다르겠소. 위대한 성군 요임금과 순임금[6] 도 보통 사람과 같았소." 무슨 말인지 알겠니?

아뇨.

아주 솔직하구나. 성준이는 어떻게 생각하니?

그러니까 공자나 맹자, 위대한 성군이었던 요임금과 순임금도 보통 사람에 불과하다. 그러니 우리처럼 평범한 사람도 성인이 될 수 있다. 뭐 이런 말이지요?

딩동댕. 그대에게 치킨 한 점을 더 먹을 수 있는 권한을 부여하노라.

성은이 망극하옵니다.

**⑥ 요임금과 순임금**
중국 역사상 최고의 태평성대를 누렸다는 시대의 전설적인 두 임금. 유학자들에게 가장 모범이 되는 임금이다.

이제 예수님의 탄생에 대해서 이야기해 줄게.

예수님 이야기는 안 해 주셔도 돼요. 교회 다니면서 귀에 못이 박히도록 들었거든요.

그럼 민주가 한번 정리해 볼래?

그러니까 예수님은 기원전과 기원후를 가르는 해에 태어났어요. 0년 탄생. 성령님이 처녀인 마리아를 잉태시켜서 남편감이었던 요셉에게 차일 뻔했지만 요셉의 꿈에 천사가 나타나 마리아의 성령 잉태를 알려 줘서 결혼했다는 이야기잖아요.

박수!

잠깐! 박수 보류. 그건 교회에서 선교용으로 만들어 낸 이야기지. 그러면 민주는 우리나라의 시조 단군이 환인과 곰에서 사람으로 변한 여인이 결혼해서 태어났다는 이야기도 믿니?

아니, 그걸 어떻게 믿어요. 그건 신화잖아요.

그러니까 성준이와 민주는 단군의 탄생 이야기는 안 믿고, 예수님의 탄생 이야기는 믿는단 말이지?

꼭 믿는다는 건 아니지만…….

그럼 아빠는 다른 이야기를 알고 있어요?

보통 위대한 사람의 탄생 이야기에는 신화적인 요소가 많이 섞여 있어. 당시 사람들이 거짓말을 했던 게 아니라, 그렇게 표현함으로써 보통 사람과는 다르다는 것을 알리는 보편적인 방법이었지. 하지만 사실이라고 생각하는 것은 좀 무리가 있어. 형식에 얽매여 의미를 파악하지 못하는 경우도 있고 말이야. 단군신화도 하느님의 아들과 곰이 결혼해서 단군이 태어났다고 생각하는 것보다는, 하늘과 땅의 결합, 신성함과 자연의 결합을 통해 인간을 이롭게 하는 존재가 태어났음을 신화적 상상력을 발휘해 표현했다고 보는 게 설득력 있지 않을까?

그렇겠네요.

예수님의 탄생 이야기도 신화적 거품을 빼고 인문학적 상상력을 발휘해서 재구성해 보자고. 우선 예수님은 기원전 4년경에 이스라엘의 나사렛에서 태어났어. 4대 성인 중에서 제일 나중에 태어난 거야. 소크라테스님이나 공자님보다 약 500년 후에 태어났으니까. 어머니는 마리아라는 분이고 아버지는 알 수 없어. 아버지를 알 수 없는 자식을 '사생아'라고 해. 그러니까 예수님은 엄밀히 말해 사생아로 태어난 거야. 물론 요셉이라는 아버지가 있지만 예수님의 입장에서 보면 양아버지가 되는 셈이지. 요셉의 직업은 목수, 요즘으로 치면 건설 노동자야. 예수님은 어렸을 적 아버지를 따라다니며 노동자 생활을 했어. 결코 부유한 계층은 아니었지.

그럼 예수님은 어렸을 때 왕따를 당했겠네요.

왜?

아버지가 없는 사생아라고 또래 아이들이 놀리거나 괴롭혔을 것 같아서요.

그렇게 상상할 수 있겠다. 어때? 아까 민주가 정리했던 예수님과 아빠가 정리한 예수님이.

아빠가 정리한 예수님이 훨씬 친근하게 다가오는 것 같아요. 조금 불쌍하기도 하고요.

저는 기독교를 만든 예수님이 그렇게 어려운 삶을 살았는지 몰랐어요. 신의 아들이니까 하고 싶은 대로 하고, 먹고 싶은 대로 먹을 수 있다고 생각했는데 아니네요. 좀 충격인걸요.

나는 예수님 어머니 마리아의 마음고생이 심했을 것 같아요. 아버지도 모르는 아들을 키운다고 주변 사람들에게 손가락질받았을 것 같은데……. 그래도 아들을 잘 키운 걸 보면 마음이 짠해요. 왠지 마리아가 더 친근하게 다가오는데요.

와, 여성의 관점에서 보면 또 다른 것들이 보이네요.

## 부처의 탄생

자, 이제 마지막으로 부처님의 탄생을 알아볼까? 원래 부처는 사람 이름이 아니야. 부처는 '깨달은 자'라는 뜻이고, 불교에는 무수히 많은 부처가 있어. 우리가 알고 있는 부처님은 고타마 싯다르타야. 고타마가 성이고 싯다르타가 이름인데, 석가모니로도 알려져 있지. 석가가 부족의 이름이고, 모니牟尼는 '성자'라는 뜻이야. 즉, 석가모니는 '석가(샤카)족의 성자'를 뜻해. 기원전 624년경에 인도에서 태어났어.

4대 성인 중 가장 먼저 태어나셨네요.

태어났을 때는 아직 깨닫기 전이니까 그냥 싯다르타라고 할게. 싯다르타는 카필라 왕국의 왕자로 태어났어. 어머니인 마야 부인이 흰코끼리가 몸속으로 들어오는 꿈을 꾸고 싯다르타를 임신했대. 일종의 태몽이지. 출산을 위해 친정으로 가던 도중에 길에서 아기를 낳았는데 예언자가 나타나 아기가 자라서 출가하면 모든 사람의 정신적 지도자가 될 것이요, 왕이 되면 모든 사람의 존경을 받는 전륜성왕轉輪聖王이 될 거라고 말했어. 싯다르타의 아버지는 아들을 왕으로 키우기 위해 밖으로 나가지 못하게 했어. 성 안에서 온갖 진귀한 보물과 음식, 아름다운 여인과 하인들에 둘러싸여 자라게 하며 세상의 근심걱정이 없도록 했지.

정말 좋았겠다.

하지만 인생이란 알 수 없는 거야. 싯다르타는 결혼한 아내와 자식마저 버리고 스물아홉에 출가를 해. 그 이야기는 나중에 해 줄게.

아니, 모든 것을 다 가진 사람이 뭐가 부족해서 가출을 해요?

가출이 아니라 출가야. 가출은 그냥 집을 나간 거고 출가는 뭔가 큰 뜻을 품고 집을 나간 거잖아. 맞죠, 아빠?

성준이가 꽤 많은 걸 알고 있구나.

어쨌든 집을 나갔잖아. 엄마가 맨날 '집 나가면 개고생'이라고 하는데 뭔 고생을 하려고 집을 나갔대, 싯다르타는?

글쎄다. 그건 민주가 고민해 봐야 되지 않을까? 부족한 게 하나도 없는 사람이 왜 집을 나가는 극단적인 결심을 했을까? 물질적 풍요만으로는 채울 수 없는 뭔가가 있었나 보지. 그 이야기는 나중에 하고 오늘은 여기서 끝!

## 성인들에게 보내는 초대장

얘들아, 과일 먹어라.

오늘은 무슨 과일이에요?

딸기가 왔어요~ 싱싱한 딸기가 왔어요.

아하, 아파트 앞에서 파는 딸기를 사 오셨구나.

어디 한번 먹어 볼까. 음, 정말 달고 맛있는데.

네, 정말 맛있어요.

그런데 얘들아, 4대 성인에 대해서 아빠가 이야기해 주는 것보다 그분들께 직접 듣는 것이 좋지 않을까?

당연히 두말하면 숨 가쁘지요.

하지만 그게 가능한 일인가요?

꼭 불가능한 건 아니야.

에이, 말도 안 돼.

만약에 가능하다면?

당연히 직접 듣는 게 낫죠.

그러면 우리 그 네 분을 초대해 볼까?

어떻게요?

어떡하긴, 초대장을 쓰면 되지. 일종의 마법 초대장이라고나 할까.

아빠가 마법을 부리신다고요? 에이, 맨날 책만 읽고 쓰시는 분이

마법은 무슨^^

어허, 아빠도 몇 개의 마법쯤은 쓸 수 있어요.

정말요? 무슨 마법인데요?

아빠가 쓸 수 있는 마법은 소환마법, 언어마법, 시간마법, 환상마법 등인데, 말만 잘 들으면 너희들에게도 가르쳐 줄게.

에이, 마법은 『해리 포터』 같은 책에서나 나오는 이야기죠. 저희가 바보예요?

의심이 많은 자여, 그대 이름은 성준인가 하노라. 그러면 진짜인지 아닌지 직접 해 보면 되잖아.

정말이죠? 만약에 거짓말이면, 저희가 원하는 거 다 들어주기예요.

그럼, 약속!

여보, 거짓말을 너무 오래하면 벌 받아요.

당신마저 날 의심하는 거예요?

어쨌든 약속하셨으니까 이제 마법을 보여 주세요.

그래도 아빠 말을 믿는 사람은 성준이밖에 없구나.

아니, 제가 꼭 믿는다는 건 아니고요.

알았다. 현재 상태로는 모두 내 편이 아니군. 어쨌든 성준아! 편지지 네 장만 가져올래?

(성준이가 편지지 네 장을 가져온다.)

자, 이제 각자 초대장을 쓰는 거야. 자기가 초대하고 싶은 사람에게 말이야. 그런데 네 분을 한꺼번에 모시기는 어려우니 하루에 한 분씩만 초대하기로 하자. 일종의 하루 홈스테이라고나 할까.

저는 공자님을 초대할래요. 우리 집에는 할아버지가 안 계시니까 할아버지 계신 집이 항상 부러웠거든요.

그럼 나는 부처님을 초대할래. 평소에 궁금한 게 많았거든.

저는 소크라테스님이요. 뭔가 서구적이고 멋있을 것 같아요.

알았다. 그러면 나는 자동으로 예수님이 되겠구나. 그러면 초대한 사람이 책임지고 접대하는 것으로 하자.

좋아요.

그러면 누가 제일 먼저 오시는 거죠?

초대한 순서를 보면 공자님이 제일 먼저네. 내일 공자님부터 만나 볼까?

그러면 제가 하루 종일 옆에서 공자님을 접대하면 되는 거죠?

그렇지. 이제 슬슬 마법의 주문을 외워 볼까? 자, 우선 집안 식구의 콧기름을 모두 바르고, '수리수리마수리 마하수리 수수리 사바하……. 공자님이시여, 내일 우리 집을 방문해 주소서. 그리고 다른 성인 분들도 모두 초대한 날짜에 오시옵소서. 얏!' 이제 초대장을 모두 불태우면 다 끝나는 거야.

은근 기대되네. 과연 공자님이 오실까?

자고 일어나 보면 알겠지.

공자

# 배움의 즐거움을 아는
# '지식 배달부' 공자

1

# 까다로운 식성을 가진 공자님

**아침** 『논어』에 나온 공자님의 식단에서 힌트를 얻어 차린 음식

신선로 굽이 높은 대접과 비슷하게 만든 신선로 그릇에 끓인 음식이다. 여러 가지 어육과 채소를 색을 맞추어 넣은 다음 장국을 붓고, 끓이면서 먹는다.

백김치와 샐러드 매운 것을 먹어 본 적이 없는 공자님을 위해 준비한 백김치와 계절 채소들을 과일 소스로 버무린 샐러드.

**점심** 제자들과 여기저기 떠돌며 가난하게 살았던 공자님의 삶을 기억하며 준비한 음식

칼국수 한국 사람들이 가난한 시절에 즐겨 먹었던 음식이기도 하다. 비슷한 음식으로 중국의 절면切麵이 있다.

겉절이 칼국수와 찰떡궁합 반찬. 배추, 상추, 무 등을 절여서 곧바로 무쳐 먹는다.

**저녁** 국민을 잘 살게 만드는 정치를 상징하는 음식

삼계탕 한국의 전통 보양 음식. 햇닭(당해에 나서 자란 어린 닭)의 내장을 빼고 인삼, 대추, 찹쌀 등을 넣은 후 고아 만든다.

## 공자님 오시는 날

자, 오늘은 공자님이 오시는 날이다. 민주야, 식사 준비는 다 했니?

네, 엄마 도움을 받아서 준비했어요.

당신이 식사 준비에 참고하라고 써 준 쪽지를 민주랑 함께 봤는데, 공자님이 식성은 좀 까다로우신 것 같아요.

어디 어디, 쪽지 좀 보여 줘요.

### 공자님 식사 준비할 때 유의점

1. 쌀을 곱게 찧어 지은 밥을 좋아하신다.
2. 가늘게 썬 날고기를 좋아하신다.
3. 쉬어서 맛이 변한 밥, 무른 물고기와 상한 고기는 드시지 않는다.
4. 색깔이 나쁜 것은 드시지 않는다.
5. 제대로 익히지 않은 것은 드시지 않는다.
6. 제때가 아니면 드시지 않는다.
7. 칼집이 반듯하지 않으면 드시지 않는다.
8. 음식에 합당한 장醬을 얻지 못하면 드시지 않는다.
9. 고기는 비록 많이 먹을 경우라도 밥 기운을 이길 정도는 아니다.

10. 오직 술만큼은 정한 양이 없으나 만취하시지는 않는다.
11. 길거리에서 사온 술과 포脯는 드시지 않는다.
12. 생강은 꼭 드셨지만 많이 드시지 않는다.
13. 식사를 할 때는 이야기하시지 않는다.
14. 비록 거친 밥과 나물국을 들 때라도 반드시 진지하게 고수레①를 하신다.

우와, 대단하다. 아빠는 이런 정보를 어디서 얻으셨어요?

그러게, 울 아빠 대단하다.

나도 물어보는 걸 깜빡했는데 이 정보는 어디서 얻은 거예요?

『논어』!②

『논어』에 뭐 이런 쫀쫀한 게 나와요?

정말이야. 『논어』의 「향당鄕黨」편에 나와.

『논어』가 공자님 말씀이 적혀 있는 위대한 고전이라고 해서 어마어마한 것만 쓰여 있는 줄 알았는데, 생각보다 재미있는 내용이 많이 있나 보네요.

보통 『논어』를 읽지도 않고서 선입견을 가지고 뭔가 어려운 이야기, 심오한 이야기, 아이들

①**고수레**
음식을 먹을 때나 무당이 굿을 할 때, 귀신에게 먼저 바친다는 뜻. 음식을 조금 떼어 던지는 일 또는 그런 일을 하면서 외치는 소리이다.

②**『논어論語』**
공자의 가르침을 전하는 가장 확실한 옛 문헌이다. 인仁 · 군자君子 · 천天 · 중용中庸 · 예禮 · 정명正名 등 공자의 기본적인 윤리 개념을 모두 담고 있다. 공자와 제자와의 문답을 기본으로 공자의 발언과 행적, 제자들의 발언과 같은 인생의 교훈이 되는 말들이 간결하고도 함축성 있게 쓰여 있다.

이 보기에는 고루하고 따분한 이야기들만 실려 있다고 생각하잖아. 하지만 『논어』를 읽어 보면 오히려 인간미 넘치고 자상하고 친근한 공자님을 볼 수 있지.

근데 아빠, 진짜 궁금한 게 하나 있어요. 공자님은 이미 몇천 년 전에 돌아가셨잖아요. 그런데 어떻게 우리 집에 초대할 수 있어요? 어디서 공자님 비슷한 분을 모시고 오는 거예요?

아니, 진짜 공자님이 오시는 거야. 아직도 아빠가 소환마법을 쓴다는 걸 못 믿는 거야?

조금만 있으면 거짓말인지 아닌지 알게 될 텐데 뭐.

이제 오실 시간이 됐는데…….

## 옛것을 익혀 새것을 아는 온고지신溫故知新

(딩동딩동)

오셨나 보다. 민주야, 문 열어드려야지.

정말? 누구세요?

여기가 민주네 집입니까? 초대받고 온 사람입니다.

공자님?

그래. 네가 나를 초대한 민주구나 ^^

안녕하세요, 공자님. 어서 들어오세요.

아침 식사 전이시죠? 시장하실까 봐 아침상 차려 놨어요.

음식이 아주 근사하구나.

아빠가 공자님의 식성을 파악해서 미리 알려 주셨어요.

어쩐지 내가 좋아하는 음식으로만 차려 놓았다 싶었다. 감사합니다. 잘 먹을게요. 그런데 이 음식은 이름이 뭔가요?

한국의 전통 반찬인 김치예요. 원래 한국 사람이 먹는 김치는 고춧가루를 듬뿍 넣은 매콤한 반찬이지만, 공자님 입맛에 맞지 않을 것 같아 고춧가루를 넣지 않은 백김치로 준비했어요. 김치 옆에 놓인 음식은 한우를 양념해서 신선한 채소와 함께 신선로라는 그릇에 넣어 국물을 자작하게 끓인 신선로고요. 공자님 바로 앞에 있는 음식은 계절 채소들을 과일 소스로 버무린 샐러드예요.

음~ 정말 맛있습니다. 오랜만에 근사한 식사 대접을 받네요.

할아버지, 천천히 많이 드세요.

할아버지?

민주가 할아버지가 없어서 공자님을 할아버지처럼 대하고 싶다고 하네요.

그거 좋구나, 할아버지. 허허허.

그런데 할아버지의 이야기가 담긴 『논어』에는 "식사를 할 때는 이야기하지 않는다."라고 쓰여 있는데, 오늘은 말씀을 많이 하시네요.

우리 민주가 나에 대해서 연구를 많이 했구나. 내가 당시에 식사하면서 이야기하지 말라고 했던 것은 그 당시의 법도를 따른 것이란다. 하지만 지금은 가정의 화목을 위해 식사 시간에 정다운 이야기를 나누는 것이 오히려 미덕이 되었더구나. 내가 현재 시대에 초대되었으니 이 시대의 법도를 따라야지. 법도란 불변하는 것이 아니란다. 정신을 되살리기 위해서 오히려 바꾸어야 할 법도는 바꾸는 것이 좋지.

공자님은 엄격하고 고리타분한 분일 줄 알았는데, 융통성이 있으시네요.

내가 한 말 중에 '온고지신'溫故知新이라는 말이 있단다. 성준이는 그 뜻을 알고 있니?

'옛것을 익혀 새것을 안다'는 뜻 아닌가요?

잘 알고 있구나. 그렇다면 내가 왜 '옛것을 익힌다'라고 했을까?

그러니까 음~ 모르겠는데요.

성준이는 자신이 모르는 것을 정직하게 말하는구나. 좋다 좋아. "모르는 것을 모른다고 말하는 것이 진짜 아는 것이다."라고 내가 말한 적도 있지.

그러면 할아버지께서 말씀해 주세요.

많은 사람들이 내가 과거에 집착한다고 생각하는데 실은 그렇지 않단다. 나는 새것이 정말 새것이 되기 위해서는 뿌리가 깊어야 한다고 생각했어. 뿌리가 깊지 않은 나무는 열매를 맺지 못하듯이 새것도 잠시 잠깐 나타났다 사라지면 의미가 없지. 새것이 오래가려면 신중하고 또 신중해야 해. 그러기 위해서는 과거의 경험을 잘 살펴보아야 하고 말이야. 내가 옛것에 관심을 가진 이유도 바로 새것을 올바로 세우기 위함이었지.

그러면 할아버지…….

민주야. 네가 자꾸 질문하면 공자님께서 식사를 못하시잖아.

그런가? 할아버지, 죄송합니다.

괜찮단다. 그러면 민주야, 궁금한 게 더 있다면 식사 후에 이야기 하자꾸나.

네.

## 즐거운 공부, 학습

할아버지, 딸기 드세요.

딸기? 처음 보는 과일이구나.

중국에는 딸기가 없나요?

내가 살았던 시대에는 딸기가 없었단다.

공자님 말씀이 맞아. 딸기의 원산지는 남아메리카였는데, 유럽을 거쳐 일본을 통해 우리나라로 들어온 게 20세기니까 공자님 시대에는 없던 과일이야.

아, 그렇군요. 어디 한번 먹어 볼까? 으음, 달콤하고 새콤하니 아주 맛있네요.

많이 드세요.

그런데 할아버지, 할아버지는 특기가 뭐예요?

글쎄, 나는 별다른 특기가 없단다. 민주는 특기가 뭐니?

저는 컴퓨터 게임이에요.

요즘에는 컴퓨터 게임에 중독되어서 공부를 소홀히 하는 친구들도 있다던데 민주도 그러니?

전 그 정도는 아니에요. 하지만 재미있는 컴퓨터 게임에 비해 공부가 지겨운 건 사실이에요.

공부가 지겹다고? 왜?

매일 똑같은 걸 반복해야 하고 어려운 데다 재미도 없잖아요.

그러면 민주는 『논어』의 맨 처음에 뭐라고 쓰여 있는 줄 아니?

제가 아직은 그 책을 못 읽어서…….

제가 알아요. "학이시습지 불역열호學而時習之 不亦悅乎" 배우고 때맞춰 익히면 즐겁지 아니한가. 그러니까 할아버지는 공부가 즐겁다고 말씀하셨네요.

그렇지.

할아버지는 공부가 왜 즐거우세요?

민주가 컴퓨터 게임을 즐거워하는 이유와 같지.

네? 무슨 말씀이신지…….

민주는 처음부터 컴퓨터 게임을 잘했니?

아니요, 처음부터 잘하지는 못했죠. 게임을 잘하려면 얼마나 많은 시간과 노력이 필요한데요. 어떻게 하는지 배우고, 반복 연습해서 실력을 쌓아야 해요. 게임 레벨을 한 단계 높이는 게 정말 어렵거든요.

그렇게 어려운 것이 즐겁다고? 민주는 학교 공부가 반복해야 하고 어려워서 재미없다고 했는데, 컴퓨터 게임은 반복해야 하고 어려운데도 즐겁다고 하네.

아니, 그러니까 제 말은…….

민주야, 너를 비난하려고 꺼낸 말이 아니란다. 모든 공부에는 배우는 단계와 익히는 단계가 있어. 그래서 '학습'學習이라고 하는 거야. 갓난아이가 걷는 것도, 태권도를 하는 것도, 심지어는 놀이나 게임도 모두 학습이지. 이 모든 게 자신이 가지지 못했던 능력을 얻는 것이니 즐겁지 않을 수 있겠니? 어찌 보면 사람이 태어나서 지금까지 살아가는 모든 행위 역시 학습이라고 말할 수도 있겠구나.

그러면 제가 컴퓨터 게임을 하는 것도 학습이니까 부모님께서 제게 뭐라고 하시면 안 되겠네요. 공자 할아버지는 제 편이 돼 주실 거죠?

글쎄다. 꼭 그렇게만 말할 수는 없겠구나.

에이, 할아버지 뭐예요?

배우기 위해서는 학습이 필요하지만 모든 학습이 항상 옳은 것은

아니란다. 살아가는 네 꼭 필요한 학습이 있고 필요하지 않은 학습도 있어. 도둑질이나 도박을 잘하는 것도 학습해야 하지만 그걸 배울 필요는 없겠지. 그리고 작은 즐거움을 위한 학습도 있고, 평생 동안 써먹을 큰 즐거움을 위한 학습도 있단다. 민주가 좋아하는 컴퓨터 게임은 프로게이머에게는 평생의 즐거움을 위한 학습이겠지만, 너에게는 학생 시절의 일시적인 즐거움을 위한 학습이겠지. 기왕이면 평생 동안 써먹을 수 있고 큰 즐거움을 줄 수 있는 학습을 하는 것이 더 좋지 않겠니?

평생 동안 써먹을 수 있는 학습이요? 뭐가 있을까…….

급한 건 아니니까 차근차근 생각해 보렴. 그런데 이것 하나는 기억해 주면 좋겠구나. 아는 것은 좋아하는 것만 못하고 좋아하는 것은 즐기는 것만 못하단다.

배우려면 즐거운 걸 배워라. 이런 말인가요?

요놈, 또 게임 이야기하려고 하는구나.

헤헤헤. 장난이에요. 할아버지 말씀 깊이 새길게요.

민주야, 학교 늦겠다.

엄마 아빠, 학교에 다녀오겠습니다. 할아버지를 잘 부탁드려요^^

열심히 배우고 오너라.

## 예의는 편한 것

공자님, 날씨도 좋은데 집 근처에 있는 호수공원에 나가 보실래요?

그럴까요.

(엄마, 아빠, 공자님이 호수공원을 걸으며 이야기를 나눈다.)

도시에 이렇게 큰 인공호수가 있다니 참 좋네요. 사람들도 활기차 보이고요.

말씀 놓으세요. 저보다 한참 어른이신데요.

그런가요? 하지만 말을 놓는 것이 편한 것만은 아니지요. 부부 사이에도 존댓말을 하면 편하지 않던가요?

네, 서로 존댓말을 쓰니까 부부 싸움을 할 때에도 심하게 싸우지 않게 되더라고요.

사람들은 예의를 갖추면 불편하다고 생각하지만, 예의는 편하면서 좋으라고 있는 거지요.

그래서 공자님이 예의를 중요하게 생각했던 건가요?

맞습니다. 제가 살았던 시대에는 예의를 중심으로 나라를 다스렸던 주나라가 점점 권력을 잃어 가고 있었어요. 자신의 욕심만 채우려고 수많은 나라들이 상대방을 공격하며 다투던 시대였으니까요.[3] 나라는 나눠질 대로 나눠지고, 각 나라마다 자신의 부국강병을 목표로 무한 경쟁할 때였죠.

그로 인해 백성들은 온갖 어려움에 빠지고 말았고요.

백성이 힘들어지면 예의도 사라지는 것 아닌가요? 예의는 좀 먹고살 만해야 챙기는 거라고 생각하는데요.

그렇게 생각할 수도 있겠네요.

요즘은 예의를 불편하고 고리

**③ 주周나라와 노魯나라**

주나라는 기원전 1046년에서 기원전 256년까지 중국을 지배하던 왕조였다. 무왕이 타락한 은나라를 멸망시키고 건국해서 호경에 도읍을 정하고 봉건 제도를 시행했다. 주나라는 주공이 제도를 정비하여 예의와 질서의 나라로 이끌어 갔다. 그러나 남쪽 오랑캐의 침입으로 수도를 옮기면서 힘이 약해졌고 이후 온갖 제후들이 패권을 다투는 춘추시대가 열렸다.
공자가 태어난 노나라는 이 주공의 업적을 기리기 위해 주공의 후손에게 물려준 땅에 세워진 나라였다. 공자는 주나라의 주공을 자신의 정신적 스승(멘토)으로 삼았는데, 주나라를 세운 정신으로 노나라를 세우고자 했던 정치적 염원 때문이었다.

타분한 것이라고 생각하는 사람도 많지요.

이렇게 한번 생각해 볼까요? 부모님을 모시고 사는 여섯 명의 식구가 아침 식사를 하는데, 조기가 여섯 마리면 골고루 한 마리씩 먹을 수 있잖아요? 그런데 식구는 여섯인데 조기는 한 마리밖에 없어요. 이럴 때는 어떻게 해야 할까요?

어머님, 아버님에게 드려야지요.

그러면 두 분이 조기를 다 드시던가요?

아니요, 괜히 입맛이 없다고 하시면서 아래로 물리지요.

부모님께서 물린 조기를 그럼 두 분이 드시나요?

그럴 수는 없죠. 생선을 잘 발라서, 어머니와 아버지의 밥 위에 올려드릴 거예요.

그러고는 두 분이 나머지를 드시나요?

에이, 그렇지 않죠. 적절히 나눠서 아이들도 먹이죠.

맞아요. 조기가 여섯 마리일 때에는 각자 한 마리씩 먹으면 되니까 예의가 필요 없겠죠. 하지만 조기가 한 마리일 때에는 반드시 예의가 필요해요. 비록 한 마리밖에 없어도 온 집안 식구가 예의를 지키면 모두 편하게 먹을 수 있잖아요.

공자님 말씀을 들으니 정말 그러네요. 예의는 오히려 힘들 때 필요한 거군요. 지금까지 제가 생각했던 것과는 정반대예요.

제가 살았던 시대에는 백성이 전쟁에 많이 동원되어서 농사짓기도 힘들었지요. 그러니 자연스럽게 먹을 것도 풍족하지 않았어요.

그런데도 권력자들은 백성을 보살피지 않고 자신의 배만 채우면서 사치와 향락을 누렸지요. 여섯 명의 가족이 있는데 조기는 한 마리밖에 없고, 그 조기마저 윗사람들이 다 먹어 버리는 상황이라고나 할까요?

그러면 예의는 아랫사람이 챙기는 것이 아니라 오히려 윗사람이 챙겨야 한다는 건가요?

물론이지요. 제가 많은 권력자들을 찾아다니며 이야기했던 것도 바로 그것입니다. 나라를 책임지는 사람의 자세가 바로 그 나라의 운명을 좌우한다고요. 사랑과 정의가 넘치는 사회를 이루려면 먼저 그 나라의 권력자들이 이기적 욕망을 물리치고 예의로 돌아가야 한다고 말했어요.

그것이 바로 '극기복례'克己復禮의 본뜻이었군요.

네, 그래서 "욕심을 버리고 예로 돌아오면, 온 천하가 사람다움[仁]으로 돌아올 것이다. 사람다움이란 자기로부터 나오는 것이지, 남에게서 나오는 것이 아니다."라고 가르쳤지요.

나라가 어려울수록 예의가 필요하다, 예의는 불편한 것이 아니라 편한 것이다, 그리고 윗사람부터 예의를 지켜야 한다. 이렇게 정리하면 되나요?

하하하. 맞습니다. 아주 깔끔하게 정리하셨어요.

벌써 점심시간이 다 됐네요. 공자님도 배고프시겠어요.

공자님, 점심으로 칼국수 어떠세요? 진짜 맛있게 하는 데를 알고 있어요.

좋습니다.

중국에도 칼국수가 있나요?

중국에는 절면切麵이라는 게 있어요. 한국말로는 '칼로 자른 국수'라고 풀이할 수 있으니 같은 뜻이지요. 그런데 이 칼국수는 국물 맛이 풍부하네요. 국물을 닭으로 만들었나 봐요?

네, 우리나라에도 면 요리가 많아요. 칼국수만 하더라도 지금 드시는 닭칼국수뿐만 아니라 바지락칼국수, 들깨칼국수 등 국물을 만드는 재료에 따라 수십 가지가 있어요. 조선시대에는 임금님이 드시던 꿩칼국수가 있었대요. 그러니까 칼국수는 온 국민이 함께 먹는 국민요리라고 할 수 있지요.

강원도에 가면 꼴두국수라는 이름의 국수가 있는데, 가난한 시절에 하도 많이 먹어서 이제는 "꼴두 보기 싫다."에서 온 말이래요. 저도 어린 시절 직접 밀가루를 반죽해서 수제비도 해 먹고, 칼국수도 해 먹어서인지 국수 하면 가난을 떠올리게 돼요. 하지만 요즘은 이런 칼국수가 별미라니 세월이 변해도 참 많이 변했지요.

그러니까 칼국수는 한국 사람들이 가난한 시절에 즐겨 먹었던 음식인 셈이네요.

칼국수는 겉절이 김치와 곁들여 먹으면 아주 맛있어요. 김치가 조금 맵지만 함께 드셔 보세요.

그러고 보니 공자님도 가난하셨지요?

대부분 힘들게 지냈지요. 노나라에서 실권하고 제자들과 이 나라 저 나라 떠돌 때는 굶는 날도 많았어요.

안회④라는 제자도 아주 가난하게 살았다고 들었어요.

그랬지요. 하지만 안회는 가난을 원망하지 않았고, 가난에서 벗어나려고도 하지 않았어요. 참 어진 제자였지요.

반면 자공⑤이라는 제자는 부자였던 것으로 아는데요.

아, 자공! 안회만은 못하지만 아주 좋은 제자였지요. 어느 날 자공이 제게 와서 묻더군요. "가난해도 알랑거리지 않고, 넉넉하지만 뽐내지 않는 건 어떻습니까?"

라고요.

그래서 뭐라고 답하셨어요?

이렇게 말했어요. "가난해도 즐기고, 넉넉해도 예를 좋아하는 것만 못하다."

자공이 한 방 먹었네요.

그런 셈인가요? 하하하.

자로⑥라는 제자는 어땠나요?

아, 제 보디가드였던 무사 자로 말인가요?

아마도 공자님 제자 중에서 가장 용감했지요?

**④ 안회**安蛔
안회는 공자가 가장 사랑한 제자로 가난하지만 학문을 멈추지 않았고, 실천에 있어서도 누구도 넘보지 못할 정도였다. 서른둘이라는 젊은 나이에 죽지 않았다면 공자의 학파를 계승할 인재 중의 인재였다. 공자는 안회가 죽자, "하늘이 나를 버렸다." 며 통곡했다.

**⑤자공**子貢
공자의 제자 중에서 가장 경제적 수완이 뛰어나고 정치력이 출중했다. 공자가 죽은 후 다른 제자들은 공자의 묘를 3년간 지켰지만, 자공은 평소에 공자를 많이 모시지 못했다며 3년을 더 시묘(무덤 옆에 움막을 짓고 삶)해서 공자의 이름을 드높였다.

**⑥자로**子路
무사 기질이 강한 공자의 수제자로, 성질이 조급했지만 공자를 우직하게 끝까지 따르며 지켰다. 공자가 죽기 몇 해 전, 섬기던 주군에게 충의를 다하기 위해 싸우다가 적에게 죽임을 당했다. 죽기 전에도 공자의 가르침에 따라 의관을 가지런히 하고 죽은 것으로 알려졌다.

그랬지요. 그렇지만 자로도 가난은 견디기 힘들어했어요. 제자들과 진나라 땅에 머물고 있을 때 양식이 떨어져 모두 영양실조에 걸려 일어나지도 못할 지경이었는데, 자로가 화를 내더군요. "군자도 이렇게 궁핍할 수 있나요?"라고 물으면서 말이죠.

그래서요?

제가 자로를 꾸짖으며 말했어요. "군자는 궁핍함을 의연히 받아들일 수 있단다. 하지만 소인들은 궁핍하면 너처럼 화를 내더구나."

자로도 한 방 먹었네요.

가난은 참으로 이기기 힘든 것이지요. 그래서 저는 배고픔을 잊기 위해 거문고를 연주했어요. 그랬더니 제자들이 제 연주에 맞춰 춤을 추더라고요. 쫄쫄 굶으면서 춤을 추는 모습을 보고 남들이 뭐라 했을까요? 가관이라고 하지 않았을까요?

참 인상 깊은 장면이군요. 슬프면서도 아름다워요.

그래도 가난 그 자체를 예찬하시는 건 아니지요?

그럼요! 누가 가난을 좋아하겠습니까? 문제는 백성이 아무리 열심히 일해도 가난을 벗어나지 못하는 데 있지요. 백성은 가난한데 국가를 경영하는 자가 부자라면 그것이야말로 창피한 일입니다. 이 세상에 가난한 나라는 없어요. 분배가 고르지 않을 뿐이지요. 분배가 고르지 않으니까 사회가 불안해지는 거고요. 분배가 균등하면 가난이 없어지고, 화목하면 부족한 줄 모르고, 평안하면 나라가 절대로 기울지 않아요. 저는 제가 가난한 것이 두려운 것이 아니라 백성이 가난한 것이 걱정이었지요.

그러면 공자님께서는 한 번도 부귀를 바라지 않으셨나요?

아픈 질문이네요. 제자들에게 해 준 말로 대신할게요. "부귀富貴는 사람이면 누구나 원하는 것이지만 참된 방법으로 얻은 것이 아니면 누리지 않으며, 빈천貧賤은 모든 사람이 싫어하는 것이지만 그릇되게 얻은 것이 아니라면 버리지 말아야 한다."라고 했지요.

그렇다면 참됨의 기준이 뭔가요?

정의로움[義]이지요. 정의롭지 않은 부귀는 뜬구름 같은 것 아닐까요? 나라가 정의로운데 가난하고 천한 것은 부끄러운 일이지만, 나라가 정의롭지 않은데 부유하고 귀한 것 또한 부끄러운 일이지요.

오늘날의 정치인이 새겨들어야 할 말이네요. 국민들은 살기 힘들어하는데, 부당한 방법으로 엄청나게 재산을 늘리는 정치인들을 보면 화가 나요. 공자님 말씀을 들으니 우리나라 정치인들은 부끄러움을 모르는 것 같아요.

우와, 정치인으로 나서도 되겠어요. 난 무조건 당신에게 한 표!

저도 한 표!

하하. 놀리지 마세요.

"거친 밥을 먹고 물을 마시며 팔을 구부려 베개로 삼고 자더라도 즐거움이 또한 그 안에 있는 것이니……." 칼국수 아주 잘 먹었습니다.

할아버지, 학교 다녀왔습니다.

아이고, 민주가 공자님이 무척 보고 싶었던 모양이네.

그럼요. 아이들에게 공자님이 오셨다고 자랑했더니…….

자랑했더니?

미친놈 취급을 하더라고요.

그러면 아이들을 데려 오지 그랬니.

그러려고 했죠. 그런데 아이들이 학원에 가야 한다면서 다 가 버리는 거예요.

이런, 내가 학원보다 인기가 없구나.

그래서 제가 아이들에게 막 화냈어요. 확인해 보지도 않고 나를 놀리면 혼내 주겠다고요.

대단한 용기 나셨네.

제가 용기 하나는 좀 짱이지요.

민주가 말하는 용기는 어떤 용기일까?

네? 어떤 용기라니요?

용기에는 여러 가지가 있단다. 창과 갑옷으로 무장하고 싸우다 죽어도 후회하지 않는 용기가 북방의 용기지. 즉, 억세고 거친 사람들의 용기야. 민주가 말하는 용기는 이런 용기니?

네, 남자답고 멋있잖아요. 영화에서 보면 적들에게 둘러싸여도 두려워하지 않고 싸우는 멋있는 전사들이 많던데요. 저도 그런 용기를 갖고 싶어요. 그런데 이런 용기 말고 다른 용기도 있나요?

너그러움과 부드러움으로 가르치고 잘못된 행위에 대해 보복하지 않는 남방의 용기도 있단다.

그런 것도 용기라고 하나요?

그럼! 아주 강인한 용기이지. 진짜 훌륭한 사람만이 가질 수 있는 용기란다. 화내는 것보다 화내지 않는 것이 더욱 강한 용기이듯 말이야.

멋진데요, 남방의 용기라. 인도의 간디[7] 같은 분이 가지고 있는 용기가 바로 그런 용기라고 할 수 있겠네요. 저도 그런 용기를 갖고 싶어요. 그런데 할아버지, 할아버지는 한 번도 싸운 적이 없나요?

아니 있어. 자주 싸웠지.

진짜요? 엄마, 엄마! 공자 할아버지도 자주 싸우셨대요.

정말? 놀랄 일이네. 싸움은 전혀 하지 않으셨을 거라고 생각했는데…….

내가 어떻게 싸웠는지 알려 줄까?

네, 할아버지.

**⑦마하트마 간디**
**(Mahatma Gandhi, 1869~1948년)**
인도의 민족해방운동 지도자이다. '마하트마'라는 별명은 '위대한 정신'이라는 뜻이다. 영국에서 변호사 자격을 얻고 남아프리카로 건너간 그는 인도인에 대한 인종 차별에 충격받아 저항운동을 일으켰다. 인도로 돌아와 사티아그라하[Satyagraha, 진리의 파지把持, 움켜쥐다] 투쟁을 조직하여 인도를 점령했던 영국에 대항해 독립운동을 전개했다. 그의 비폭력 저항운동은 이후 많은 운동가에게 영감과 힘을 주었다. 또한 제2차 세계대전 후 인도가 독립할 수 있는 기반을 만들었다.

우선 싸우기 전에 서로 인사를 해야지.

권투처럼요?

그런 후에 사대射臺, 활 쏘는 곳에 오르지. 그리고 정해진 숫자만큼 활을 쏘는 거야.

상대방을 향해서요? 우와~ 무섭겠다.

아니, 표적을 향해서 말이야. 그리고 싸움에서 진 사람은 사대에서 내려와 벌주를 마셔.

그게 다예요?

그래, 그게 다야. 활쏘기야말로 군자다운 싸움이지. 모든 결과는 자신에게서 나오는 거야. 즉, 자신과의 싸움이지. 성공하든 실패하든 남의 탓으로 돌리지 않고 자신을 반성하는 싸움, 남과 싸우지

않고 자신과 싸우는 싸움. 이것이 진정한 싸움이란다. 그래서 군자의 싸움이라 할 만하지.

## 진정한 친구의 기준

민주야, 너는 친구들하고 싸움만 하는 건 아니지?

에이~ 할아버지. 설마 싸움만 하겠어요? 제가 우리 반에서 얼마나 인기 많은데요.

그렇구나. 민주는 어떤 친구를 사귀고 있니?

어떤 친구라뇨?

친구를 사귀는 기준이랄까?

아, 기준! 우선 제 친구는 공부를 잘해야 해요. 그리고 유머 감각이 있어야 하고요. 얼굴이 잘생기면 더 좋지요. 물론 게임도 잘해야 해요.

민주야, 공자님께서는 진지하게 물으신 거야.

할아버지, 기분이 안 좋으셨다면 죄송합니다. 제가 진지하지는 않았지만 거짓말한 건 아니에요. 그런데 할아버지, 할아버지는 친구를 사귀는 기준이 있나요?

물론이란다. 벗이야말로 인생에서 가장 소중하며 즐거움의 원천이지. "먼 곳에서 친구가 찾아오니 즐겁지 아니한가?"라고 말한 적도 있단다. 그러니 친구를 사귀는 데 신중해야겠지.

그럼 할아버지의 친구가 되려면 먼 곳에 살아야 하겠네요.

하하하. 민주에게는 못 당하겠구나.

그런데 친구를 사귀는 데 조건이 필요한가요? 모든 친구에게 잘해 주고, 그 친구들이 저를 좋아하면 되는 거 아닌가요?

그렇게 생각할 수도 있겠구나. 그럼 이런 경우를 생각해 보렴. 친구 A가 B의 물건을 훔치려고 해. 그런데 그 물건은 친구 B가 아주 소중하게 생각하는 거야. 그래서 친구가 다른 친구의 물건을 훔치는 것을 네가 말렸다면, 둘 다 너를 좋아할까?

그렇지는 않을 것 같아요. 물건 주인인 B는 좋아하겠지만 훔치려던 친구 A는 저를 싫어하겠죠.

물건을 훔치는 친구를 도와주는 건 그 친구에게 잘해 주는 게 아니라 오히려 그 친구를 망치는 거겠지? 그런데도 너의 행동을 보고 그 친구가 화내면 어떻게 할까?

그야 어쩔 수 없지요. 바른 일을 하려고 했던 행동이니까요.

맞아. 모든 사람에게 다 잘해 줄 수도 없고, 모든 사람에게 칭찬을 받을 수도 없단다. "친구들 중에서도 착한 친구가 좋아하고, 착하지 않은 친구가 싫어해야 하지 않겠니."

친구를 사귀는 게 쉬운 일이 아니었네요. 그러면 할아버지는 어떤 친구를 사귀세요?

내가 제자들에게 했던 이야기를 해 줄게. "이로운 벗이 세 가지요, 해로운 벗이 세 가지다. 정직한 이, 신의가 깊은 이, 견문이 많은 이를 벗하면 이롭다. 줏대가 없는 이, 남의 비위를 잘 맞춰 아첨하는 이, 말만 잘하는 이를 벗하면 해롭다." 무슨 말인지 알겠니?

할아버지 말씀을 들으니 좋은 친구가 되기 위해서 무엇을 해야 할지 알 것 같아요. 정직, 믿음, 지식을 갖기 위해 노력할게요.

내가 민주에게 너무 '공자님 말씀' 같은 이야기만 했구나. 하하.

## 훌륭한 정치

민주야, 오늘 공자 할아버지와 이야기 많이 했어?

응. 이야기하면서 느낀 건데 할아버지 유머가 대단하셔.

자, 온 집안 식구가 다 모였으니 저녁 식사를 해도 되겠네요. 저녁 식사는 한국의 전통적인 보양 음식인 삼계탕을 준비했어요. 몇 가지 약재를 넣은 물에 어린 닭을 푹 삶고, 거기에 불린 찹쌀을 넣어서 잘 익을 때까지 한참 끓여서 만든 음식이라 부드러울 거예요. 천천히 많이 드세요.

감사합니다. 잘 먹겠습니다.

뭐니 뭐니 해도 먹는 게 최고야. 엄마 요리 솜씨도 최고고요.

형은 먹는 게 제일 좋지? 그리고 나도 엄마 옆에서 열심히 도왔다고!

세상살이 뭐 있겠니. 잘 먹고, 잘 자고, 잘 싸고, 잘 살면 되지^^ 공자님, 정치도 마찬가지 아닌가요? 국민들이 잘 먹고 잘 사는 나라를 만드는 게 정치가 아닌가 싶어요.

나도 성준이와 비슷한 이야기를 한 적이 있지.

정말요?

내가 위나라에 갈 때 염유라는 제자가 수레를 몰았는데, 위나라의 발전된 모습을 보고 "백성이 참 많구나."라고 말했더니 염유가 "백성이 많다면 또 무엇을 해야 합니까?"라고 묻더구나.

그래서요?

"잘 살게 해야지."라고 답했단다.

공자님과 제가 통했다는 말씀?

그랬더니 또 묻는 거야. "이미 잘 살게 되면 또 무엇을 해야 합니까?" 그래서 "가르쳐야지."라고 말했지.

할아버지, 그러면 정치는 국민을 잘 살게 하는 거예요?

잘 사는 것도 매우 중요한 일이지만 그보다 더 중요한 것도 있단다.

그게 뭔데요?

믿음이란다.

믿음이요?

백성들의 믿음, 정부에 대한 신뢰감이지!

국민이 정부를 믿지 못한다면 갈아 치우면 되잖아요. 우리나라는 민주주의 국가니까요.

그래 맞아. 국민의 신뢰를 얻지 못한다면 아무리 강력한 무기를 소유하고 있어도, 아무리 부유해도 오래가지 못한단다.

하지만 미국 같은 나라는 군사력, 경제력 모두 세계 최강이잖아요. 제 생각에는 미국이 결코 망할 것 같지 않은데요.

역사를 살펴보면 중국에서 가장 강력했던 진나라도 멸망했고, 전 세계를 지배할 것 같았던 로마제국도 결국 망하고 말았단다. 그들이 망한 이유가 군사력이나 경제력이 없어서였을까?

그러니까 할아버지 말씀은 강대국이 망한 이유가 결국 국민의 신뢰를 저버렸기 때문이란 것이군요.

빙고!

헉! 공자님이 빙고를 아시네.

(저녁 식사 후 모두 거실에 모여 앉는다.)

이제 공자님이 떠나실 시간이 다 되었어. 공자님, 하루 동안 불편하지 않으셨는지 모르겠네요.

맛있는 음식과 민주의 친절함, 성준이의 유머 덕분에 아주 즐거웠답니다.

민주야, 마지막으로 공자님에게 질문할 것이 있으면 하렴.

벌써 할아버지하고 헤어지는 거예요? 하루만 더 계시면 안 될까요. 아직 하고 싶은 이야기가 많이 남았는데…….

공자님은 아주 바쁘신 분이란다.

그렇다면 제 마지막 질문은……. 공자님은 꿈이 뭐예요?

많고 많은 질문 중에 가장 평범한 질문이라니, 쯧쯧쯧.

어른들이 맨날 우리에게 던지는 질문이잖아. 나는 그 질문이 아주 어려운데 어른들은 너무 쉽게 물어보더라고. 그래서 나도 어른들의 꿈은 뭔지 늘 되묻고 싶었지만 한 번도 물어볼 기회가 없었어. 이번에 용기 내서 물어보는 거야.

나도 제자들에게 자주 물어봤었는데, 이거 괜히 미안해지는걸.

그러면 제자들도 할아버지에게 물어봤어요?

그래.

뭐라고 대답하셨어요?

나는 이렇게 말했어. "내 꿈은 늙은이를 편케 하고, 벗에게 믿음을 주고, 어린이를 품는 것이다."

할아버지, 위대한 성인의 꿈치고는 너무 소박한 거 아닌가요?

그건 어떻게 보느냐에 따라 다르지 않을까? 노인과 친구와 어린이가 한 사회의 과거와 현재와 미래를 대변하는 거라면, 공자님의 꿈은 아주 원대하지. 공자님이 말씀하신 '대동사회'⑧가 바로 그런 사회가 아닐까? 온 나라 사람들이 모두 편안하고 서로 신뢰하고 보살필 수 있는 사회야말로 우리가 꿈꾸는 이상향理想鄕이라고 아빠는 생각하는데.

와우, 아빠 말을 들으니 아주 그럴듯한데요.

민주 아빠가 잘 이야기해 주신 것 같구나. 가장 소박한 것이 가장 소중한 것이고 가장 실천하기 힘든 거란다. 위대하다고 알려진 생각은 알고 보면 소박한 것들이지. 사랑, 우정, 정의처럼 말이야.

저도 할아버지의 꿈을 제 꿈으로 하고 싶어요. 소박하지만 위대한 꿈이요.

민주가 그래 준다면 나에게 너무도 큰 영광일 거야. 고맙구나. 2500년이나 지났는데도 내 생각에 동의해 주는 어린이가 있어서.

**⑧ 대동사회大同社會**
중국인들이 공유하는 이상적인 사회 중 하나이다. 중국 전국시대에서 한漢나라 초기에 유가학파儒家學派가 주장한, 일종의 이상사회로 사람이 천지와 만물과 서로 융합하여 한 덩어리가 된다는 말이다. 유가학파는 논리적 근거를 경서인 『예기禮記』 「예운편禮運篇」에 둔다. 큰 도[大道]가 행해지고, 어진 사람과 능력 있는 자가 버려지지 않으며, 가족주의에 얽매이지 않고, 노인은 자기의 생을 편히 마치고, 젊은이는 모두 일할 수 있으며, 노약자 · 병자 · 불쌍한 자들이 부양되며, 길에 재물이 떨어져도 줍지 않는 세상이 바로 대동사회이다.

大同社會
내가 꿈꾸던 대동사회야.
어른에게는 공경을…
친구와는 우정을…
아이에게는 보살핌을…

자, 이제 공자님이 떠나실 시간이다. 모두들 인사 드리렴.

감사합니다. 안녕히 가세요.

융숭히 대접해 줘서 고맙습니다.

## 공자님을 보내고

모두들 수고했어. 공자님을 직접 만나 보니까 다들 어땠어?

난 좀 어려운 분일 거라고 생각했는데, 직접 만나 뵈니 다정다감하고 재미난 분인 것 같아요.

전 진짜 할아버지를 만난 것 같았어요. 공자님 같은 할아버지가 한 분 계시면 참 좋을 것 같아요.

그러면 공자님을 친할아버지 삼으면 되지.

어떻게요?

공자님은 가셨지만 공자님이 하신 말씀과 살아온 삶은 여러 책에 실려 있어. 민주가 이제부터 할아버지의 말씀이라고 생각하면서 차근차근 살펴보고 배우렴. 그리고 궁금한 점이 있으면 물어보기도 하고 말이야. 혹시 아니? 공자님이 나타나서 대답해 주실지.

정말 그러면 좋겠어요. 『논어』도 읽고, 공자님 이야기가 실려 있는 다른 책들도 많이 찾아서 읽어 볼게요.

자, 그럼 공자님 말씀 중에서 인상 깊은 것이 있으면 하나씩 이야기해 볼까?

"모르는 것을 모른다고 말하는 것이 진짜 아는 것이다." 많은 지식보다 더 중요한 것은 바로 정직함이라는 생각을 하게 되었어요.

저는 "진정한 싸움은 자신과의 싸움이다."라는 말씀이 기억에 남아요. 남방의 용기에 대한 이야기 말이에요. 저는 힘이 세서 나쁜 사람을 혼내 주는 게 용기라고 생각했거든요. 그런데 진짜 용기는 그렇지 않다는 걸 공자 할아버지에게 배웠어요.

우리 아이들이 공자님을 만나더니 부쩍 성장했네요. 나도 하나 할까요. "가난해도 즐기고, 넉넉해도 예를 좋아하라."는 말씀이 참 좋았어요. 어떤 경우라도 당당하고 품위 있게 살라는 말씀 같아서요.

모두들 참 좋은 시간을 보낸 것 같네. 나도 하나 할까. "사람다움이란 자기로부터 나오는 것이지, 남에게서 나오는 것이 아니다." 나로부터 모든 것이 시작된다는 이야기, 용기를 주는 이야기잖아. 오늘은 모두 가슴에 남길 이야기를 하나씩 가지고 잠들 수 있겠네. 그럼 다들 잘 자.

아빠 엄마, 안녕히 주무세요.

너희들도 좋은 꿈 꾸렴.

공자, 유교철학을 세우다
춘추시대 말, 공자님은 훌륭한 선생이었지만
선생님.
정치인으로는 실패했다고 말할 수 있어.
어진 정치를 실천한 군주가 없어.
부국강병만이 나의 목표, 어진 정치는 개에게나 줘 버려.
게다가 전국시대에 접어들면서 중국은 7개의 강대국이 서로 경쟁하고 싸우는 무력의 시대가 되고 말았어.
야.
내가 짱이다!
그 시대에는 전쟁을 잘 치르는 병가,
손자 병법
나라를 강력하게 다스리는 법가가 주목받았지.
아, 물론 그 시대에도 유학자가 없었던 건 아냐.
난 성선설을 주장했지.
난 성악설을 주장했어.
맹자
순자
하지만 유학이 미치는 영향은 미미했어.
병가
법가
유가
法

진시황이 춘추전국시대를 정리하고 진나라를 세웠는데
흐흐, 좋아.
진
진나라를 지배한 사상은 법가였어.
강력한 왕권
법가
진시황은 사상을 통일한다는 명분으로 분서갱유(유교 경전을 불태우고 선비들을 생매장해 죽인 사건)를 실시했지.
하지만 천하를 통일한 진나라는 오래가지 않았어.
아~ 옛날이여.
진
유방이 항우를 꺾고 나라를 세웠는데
유방
항우
바로 진나라의 뒤를 이은 강대한 통일국가인 한나라야.
한
한무제(유방)는 엄격한 법가 사상으로 한나라를 통치하는 게 어렵다고 판단했어.
이 카드는 너무 낡았어.
새 카드를 준비해야겠어.
법가
유학자 동중서가 그 뜻을 이어받아 예의와 법도를 강조하는 유교를 국교로 삼았지.
그래, 이 카드가 쓸 만해.
유학

한나라 말기에 잘못된 정치가 계속되자 곳곳에서 농민반란이 일어났어.
못 살겠다. 갈아엎자!!
이후 이민족이 침입하여 남북조시대가 열려.
3세기부터 6세기까지 이어지는 이 기간에 도교가 유행했고,
불교가 전파되면서 유교는 크게 쇠퇴했지.
空
그래도 유교가 없어지진 않았다고.
비록 이민족이 세운 나라였지만 유교를 통해 문자 문화의 매력을 느꼈어.
중국의 유교 문화는 너무 매력적이야.
수나라의 통일과 당나라의 융성은 유학을 부활시켰어.
죽지 않아~ 죽지 않아.
당나라에서는 유교 경전을 간행하고,
!
유교 경전으로 과거 시험을 치렀지.
오늘의 시제는…

하지만 도교나 불교 역시 융성했어.
空
『서유기』의 실제 주인공인 현장은 직접 인도를 방문하여 불경을 연구하고,
천축국(인도)
경전들을 중국으로 가져와 번역했지.
사전
당시 유교는 불교, 도교와 대결을 펼치던 때야.
도교
불교
유교
그리고 그 역할을 잘 수행하던 학자가 한유였지.
그는 유학의 관점에서 불교와 도교를 비판하고
유학의 정통 흐름을 정립하려고 했어.
당나라 멸망 이후 거란, 여진, 몽골족 등 북방민족의 침략으로 중국의 영토는 축소되었지만,
당
중국
송나라는 경제적으로 번영하고 문화적으로 융성했어.
송

귀족의 몰락과 과거 시험의 전면적 실시로 신흥 사대부가 등장해.
부럽다.
과거 합격증
이들은 높은 학문적 소양과 사회·정치적 참여로 송대의 문화를 창조해 갔어.
문화
또한 도교, 불교를 비판적으로 수용하여 새로운 유학을 만들었지.
이걸 신유학이라고 불렀어.
도교
불교
그들은 본래 정치와 윤리철학이었던 유교의 내용을 더욱 확장하여 정교하게 다듬었어.
하늘의 원리, 인간의 본성 등 모두 다룰 거야.
욕심도 참…
대유학자 주희가 많은 유학자들의 생각을 종합해 거대한 체계를 만들었고
내 이름을 본떠서 '주자학'이라고 불러.
또는 새로운 유학의 이념을 표방하여 '성리학'이라고도 해.
이 성리학이 조선에 전해져 조선의 500년 역사를 지배하는 사상이 되었지.
子曰…
주희는 유학의 대표적 경전인 사서(四書)를 집대성하고 정리했어.
孟子
論語
大學
中庸
이후에 사서인 논어, 맹자, 대학, 중용은 중국뿐 아니라 조선에서 과거 시험의 필독서가 돼.
과거시험 필독서
예상문제 500선
논
맹
대
중

성리학은 불교나 도교에 대항하기 위해 굉장히 복잡한 논리로 무장했어.
학자 육구연은 복잡한 유교의 논리가 본래의 유교 정신에 위배된다고 생각했어.
나는 맹자를 모델로 삼아서 마음을 강조할 거야.
유교가 복잡한 우주나 세계를 해석하기 위한 학문이 아니라 마음을 수양하는 학문이 되길 바랐지.
마음이 곧 이치. 마음만 잘 살피면 경전 공부를 하는 것과 다를 바 없어.
이러한 생각은 명나라의 유학자 왕양명이 계승했어.
지행합일설! 이론과 실천은 하나가 되어야 해.
그의 일차적 관심은 인간이 본래부터 가지는 좋은 마음이었어.
내 이름을 따서 '양명학'이라고 부를 거야.
양명학
주희의 관심은 하늘이었지만 왕양명의 관심은 마음이었던 거야.
하늘
마음
주희의 성리학은 조선시대의 지배 사상이 되었지만,
믿습네다.
성리학
양명학은 이단으로 찍혀 배우는 것이 금지되었던 거야.
저리 가.
양명학
성리학

중국 역사에서 왕족이 계승한 마지막 나라는 청나라야.
마지막 왕족.
청나라는 만주족이 중국을 정벌하고 세운 나라인데
꺼져.
유교를 무시할 수는 없었어.
까불지 마.
유학
오히려 유교 연구에 많은 국고를 지원하여 유교 경전을 집대성했어.
연구비로 써.
청나라 황제였던 건륭제는 대진이라는 유학자를 중심으로 방대한 유교 경전을 모아 『사고전서』를 편찬하기도 했지.
좋군.
四庫全書
하지만 자신의 통치를 반대하는 유학자들은 엄청나게 탄압했어.
순순히 말을 들어야지.
윽!
청나라의 유학은 문제를 창조적으로 해결하기 위한 학문보다
청나라 유학
창조
옛날 경전의 문자나 문장을 연구하는 고증학이 발달하게 되었지.
이런 뜻이…
창조적 학문으로서의 유학은 이제 끝났어.

청나라 멸망 이후 공산정권이 들어서고
우린 인민의 친구.
청나라
대대적인 유교 탄압이 있었어.
썩은 사상이야.
유교
공자를 모시던 사당이 파괴되고, 공자와 관련된 것들은 성할 날이 없었지.
공자
중국 공산당의 눈에는 왕족을 옹호하고 민중을 억압하는 낡은 사상으로 비춰졌던 거야.
인민의 적은 없애 버려야 해.
하지만 글로벌화된 현대는 각국이 자신의 문화를 자랑하는 시대가 되었어.
문화
문화
문화
그래서 중국은 공자의 유교를 부활시켰어.
그래도 가장 훌륭한 카드인데 버릴 수 없지.
유교
지금은 오히려 중국 정부가 앞장서서 중국을 대표하는 사상으로 유교를 보급하고 있으니 참 아이러니하지.
위대한 사상가 공자는…
다음은 부처님을 만나서 이야길 들어 봐.

부처

# 여덟 가지 바른길을 일러 주는
# '내비게이터' 부처

2

# 소박한 부처님

**아침** 부처님의 가르침을 기억하기 위한 음식

밀크 수프 부처가 극단적인 금욕을 깼을 때 수자타라는 여인이 공양한 유미죽(우유와 꿀에 쌀을 넣어 끓인 음식)을 먹고 건강을 회복해 평온한 마음으로 수행을 계속했다. 유미죽과 비슷한 음식이 바로 밀크 수프다.

**점심** 하루에 아침 한 끼만 드셨던 부처님의 금욕 생활을 따라 점심은 먹지 않는다.

점심點心 마음에 점을 찍으며 건너뛰다.

**저녁** 절에서 주는 대표적 음식이자 장수를 기원하는 음식. 국수의 전파 과정이 불교의 전파 과정과 비슷하다.

잔치국수 멸치와 다시마, 무 등으로 육수를 끓인다. 국수를 삶아서 그릇에 담고 쇠고기, 호박 등 고명을 올린 후 육수를 붓는다. 양념장을 만들어 곁들인다.

## 부처님 오시는 날

오늘은 부처님이 오시는 날이네.

정말 기대돼요. 부처님은 제가 초대했으니까 음식 메뉴도 신경을 많이 썼어요.

부처님이 오신다니까 진짜 많이 흥분하셨나 봐. 오늘따라 엄마 눈이 반짝반짝 빛나는데요.

내가 그렇게 보이니?

네^^

그런데 엄마가 요즘 계속 읽고 있는 책이 뭐예요? 볼 때마다 열심히 읽고 있던데…….

응, 『금강경』① 이야.

그게 무슨 책인데요?

금강석, 그러니까 다이아몬드처럼 반짝반짝 빛나는 부처님의 지혜가 담긴 책이지.

① **『금강경金剛經』**
'금강반야바라밀경' 또는 '금강반야경'이라고도 한다. 평신도 중심으로 성장한 대승불교의 정신적 지주가 되는 경전이다. 동아시아에서 널리 읽히고 있는 이 경전은 부처가 그의 최고 제자 수보리와 대화하는 형식으로 이루어져 있다. 금강경에서는 온갖 망상에 사로잡히지 말고, 자기 속에 빠져 이기적 삶을 살지 말며, 살아 있는 모든 것에게 선한 일을 하되 그 일을 했다는 생각조차 하지 말고 선한 일을 하라고 말한다. '나'란 없다, 그 어느 생각에도 머물지 말라는 무아無我와 무주無住를 불교의 핵심으로 꼽는다.

그래서 엄마 눈이 반짝반짝한 건가?

우와, 음식만 준비한 게 아니네요.

그럼요. 오늘은 제가 책임지고 접대해야 하는데 미리 공부도 하고 질문할 거리를 만들어 놔야지요.

## 진리에 도달하는 방법, 중도中道

(딩동딩동)

부처님 오셨나 보다. 이번엔 당신이 나가 봐요.

그럴까요? 누구세요.

여기가 연주 씨 댁 맞죠?

네 맞아요. (문을 열며) 어서 들어오세요.

안녕하세요. 반갑습니다.

아니, 부처님 모습이 많이 젊으신 것 같네요.

저는 상대방이 원하는 모습으로 나타나기도 하지요. 역사 속에서도 수없이 다른 모습으로 등장했어요. 때로는 어린이로, 때로는 어른으로 그리고 젊은이나 노인으로, 심지어 여인으로 나타나기도 한답니다. 저기 성준 부처가 보이네요.

성준 부처요? 제가 부처인가요?

그럼, 부처의 눈에는 부처만 보인단다.

돼지의 눈에는 돼지만 보이고요.

어디서 많이 듣던 이야긴데…….

엄마, 무학 대사와 조선을 건국한 태조 이성계의 대화 내용②이잖아요.

오~ 우리 민주가 역사에도 정통한 줄은 몰랐는데 ^^

제가 한 역사 합니다.

역사적인 이야기라고 하지만 어째 기분이 묘하네. 나를 놀리는 것 같기도 하고…….

자, 어서 식탁으로 오세요. 오늘 아침 메뉴는 밀크 수프입니다.

배고픈데 아침부터 수프예요? 고기같이 뭐 씹을 만한 건 없나요?

형, 부처님은 채식주의자란 말야.

정말?

민주야, 내가 채식주의자란 말은 누구에게 들었니?

누구한테 들은 건 아니고요. 스님들이 고기를 안 드시니까 당연히 부처님도 고기를 안 드실 것 같다는 짐작이에요.

그렇구나. 채식주의는 불가의 오래된 전통이지. 하지만 내가

**② 태조 이성계와 무학대사의 대화**
무학대사는 태조 이성계를 도와 조선 건국에 기여한 승려이다. 두 사람이 나눈 대화는 아래와 같다.
"스님은 꼭 돼지같이 생겼습니다." 무학대사는 웃으면서 말했다. "대왕께서는 부처님처럼 생기셨습니다." 이성계는 자신이 아무리 한 나라의 왕이지만, 스님에게 지나친 농담을 한 것 같아 미안한 마음으로 말했다. "저는 스님을 돼지에 비유했는데, 어찌 스님께서는 제게 부처님처럼 생겼다고 칭찬하십니까?" 무학대사는 얼굴에 미소를 띄우며 말했다. "부처의 눈에는 부처로 보이고, 돼지의 눈에는 돼지로 보이는 법입니다."

채식만 했다고 생각하는 건 오해야.

그러면 부처님도 고기를 드세요?

먹어야 할 때는 먹는단다.

언제요?

나와 내 제자들은 걸식으로 끼니를 해결했단다. 걸식을 하다 보면 음식을 주는 사람이 꼭 채소만 주는 것은 아니거든. 어떤 사람은 장난으로 고기를 넣기도 하고, 심지어는 나뭇가지를 넣는 사람도 있었지.

너무했다. 그래서 그걸 드셨어요? 고기나 나뭇가지는 빼고 드셨지요?

나뭇가지는 뺐지만 고기는 먹었단다.

정말이요? 왜요?

남이 준 음식 중에서 먹고 싶은 음식만 먹고, 먹기 싫은 음식은 안 먹는 것은 좋고 나쁨을 가리는 분별심이야. 불가에서는 고기를 먹는 육식보다 음식을 가리는 분별심을 더욱 나쁜 것으로 여겼어. 분별심이 생기면 자기 편의대로 세상을 보게 되니까 자기가 옳다고 생각하는 것만 좋아하고, 그렇지 않으면 싫어하게 되지. 그러다가 결국은 쓸데없는 갈등과 분쟁이 생겨나지 않겠니. 이렇게 세상을 자기 편의대로 갈라서 보는 것이야말로 가장 위험한 일이란다.

부처님은 음식 하나를 드실 때도 참 생각이 많으시구나. 그렇다면 우리가 부처님에게 고기를 대접했다면 그 고기를 드셨겠네요.

그랬겠지. 나는 음식이 아니라 그 음식을 대접하는 사람의 마음을 보니까.

걱정하지 마세요. 수프에 고기는 들어 있지 않아요.

네, 그러면 감사히 잘 먹겠습니다.

그런데 여보, 왜 하필 밀크 수프를 아침 식사로 준비한 거예요?

부처님의 가르침을 기념하기 위해서예요. 부처님은 이 음식 기억하시죠?

민주 엄마가 저에 대해서 연구를 많이 하신 것 같네요.

무슨 이야기예요? 하나도 못 알아듣겠어요.

밀크 수프는 내가 극단적인 금욕을 깼을 때, 수자타라는 젊은 여인이 나에게 공양한 유미죽과 비슷한 음식이란다.

유미죽이요?

응. 유미죽은 우유에 쌀과 꿀을 넣어 끓인 죽이지.

그런데 유미죽과 부처님의 가르침이 무슨 관련이 있는데요?

내가 이 유미죽을 먹기 전에는 지독한 고행을 했단다. 몸을 너무 학대하다 보니 움직일 기력도 없었고 시체처럼 말라서 죽을 고비를 수십 차례 넘겼지.

도대체 어떻게 고행하셨는데요?

벌거벗고 다니거나 몹시 추운 겨울에도 바깥에서 잠을 잤고 못을 박은 요에 누웠지. 심지어는 나의 오줌과 똥을 먹기도 했어.

어우, 더러워. 그걸 어떻게 먹어요?

그러게 말이다. 뿐만 아니라 너무 오랫동안 숨을 참아서 머리가 부서질 것 같았고, 귀에서는 엄청난 소리가 들렸어. 하도 굶어서 배에 손을 대면 등뼈가 만져지는 듯한 느낌이었어. 머리카락은 길게 자라고 살가죽은 시커멓게 시들어 갔지. 사람들은 이런 나의 모습을 보고 마치 죽은 사람처럼 취급했어.

왜 그런 고행을 하셨어요?

나는 어려서부터 온갖 맛난 음식을 먹고 자랐어. 육체의 쾌락을 위해 마음껏 즐겼지. 그런데 어느 날 쾌락을 추구하는 삶은 진리를 추구하는 수도자의 삶에 맞지 않다는 것을 깨달은 거야.

우와~ 저에게 부처님과 같은 삶을 살 수 있는 기회가 주어진다면 후회 없이 마음껏 먹었을 텐데. 아쉽다.

하하. 나는 진리를 깨닫기 위해 육체적 쾌락과는 정반대의 삶을 살기로 결심한 거야. 육체의 쓸데없는 욕망을 죽이는 것만이 진리에 도달하는 길이라고 생각하면서 말이지.

그런데요?

지독한 고행으로도 결코 진리의 깨달음에 도달할 수 없었어. 오히려 하도 굶어서 죽을 지경에 이르렀단다.

굶으면 죽죠. 너무도 당연한 이치 아닌가요?

그렇지. 결국 나는 지나친 쾌락을 추구하는 것과 지나친 금욕을 추구하는 것 모두 진리에 도달하는 방법이 아님을 깨달았어. 진리에

도달하는 방법은 양극단 중 한쪽을 선택하는 것이 아니라 중간의 길을 걷는 것이라는 걸 알게 된 거야. '중도'中道야말로 올바른 진리에 도달하는 방법이었지.

아하, 그때 젊은 여인이 죽어 가는 부처님을 살리기 위해서 유미죽을 드린 거군요.

그래. 나는 수자타가 끓여 준 유미죽을 먹고 건강을 회복해서 평온한 마음으로 수행을 계속할 수 있었어.

그래서 밀크 수프로 아침 식사를 준비한 거구나. 엄마는 센스쟁이.

수프 하나에 그렇게 깊은 뜻이 있었다니!

## 삶은 고통

부처님, 불교가 뭐예요?

네가 불교에 관심이 있는 줄 몰랐는데, 질문이 단도직입[3] 이네.

웬일로 우리 성준이가 문자를 쓰네.

무식이 용감이지요. 사실 제가 교회에 다녀서 불교는 잘 모르거든요.

단도직입은 아주 좋은 자세야. 나도 단도직입으로 말할게. 불교는 삶의 고통에서 벗어나는 가르침이지.

뭐가 그리 간단해요.

모든 진리의 결론은 간단해.

한마디로 '불교는 진통제'다?

진통제는 고통을 잠시 동안 잊게 만들지만 나의 가르침은 고통을 영원히 없애는 방법이야.

그건 의학이 해결할 일이지 종교가 해결할 일은 아니지 않나요?

의학은 인간의 몸을 다루지만 나는 삶의 모든 것을 다룬단다.

하지만 삶을 고통으로 보는 거잖아요. 저는 사는 게 참 즐거운데 너무 비관적으로 보는 거 아니에요?

성준이는 뭐가 즐겁지?

맛있는 것을 먹거나 친구들과 만나서 웃고 떠들 때요. 즐거운 게 얼마나 많은데요. 부처님도 왕자로 태어나서 즐겁게 살았잖아요.

즐거웠지. 하지만 그 즐거움은 잠시였어.

왜요?

아주 특별한 경험을 했기 때문이지.

도대체 무슨 경험이기에…….

나의 아버지 정반왕은 내가 태어날 때, 한 예언자의 예언을 들었어. 내가 자라나면 정치적으로 위대한 왕인 전륜성왕이 되거나 또는 위대한 부처가 될 거라는 예언이었지. 아버지는 내가 전륜성왕이 되길 바랐어. 그래서 궁 바깥세상을 보지 못하도록 나를 궁 안에서만 살게 했지. 궁 밖에 나갈 경우에는 거리를 철저히 단속했어. 내가 늙거나 아픈 사람, 죽은 사람을 볼 수 없도록 말이야. 결국 단속은 소용없는 일이 되고 말았지만.

무슨 말씀이신지.

③ **단도직입**單刀直入
사전적으로는 "혼자서 칼 한 자루를 들고 적진으로 곧장 쳐들어간다."는 뜻이다. 불가에서는 "생각과 분별과 말에 거리끼지 않고 진실의 경계로 바로 들어감."을 뜻한다.

어느 날 성의 동문으로 나갔을 때, 머리가 하얗고 몸은 여윌 대로 여윈 데다 살갗은 거무죽죽한 사람이 숨을 헐떡이며 걸어오는 것을 보았어. 하인에게 저 사람은 누구냐고 묻자, 노인이라고 말하더구나. 나는 결국 보고 만 거야.

그럼 그때까지 노인을 한 번도 못 보셨다는 거예요?

아버지가 철저히 숨겨 왔던 거야. 정말 충격이었어.

노인을 처음 봤다니 제가 오히려 충격인데요.

그러게 말이다. 그 이후로도 남문에서는 병자를, 서문에서는 주검을 보고 충격받았지. 하지만 더 충격적인 것이 있었어.

무엇이 더 충격이었는데요?

하인의 대답이었어요. 하인에게 저 사람은 왜 저렇게 됐느냐고 물었더니, 사람은 누구나 그렇게 된다고 답하더군요. 사람은 누구나 늙고, 병들고, 죽는다고. 그것이 사람의 운명이라고요.

그걸 모르셨어요?

응. 그래서 나도 그렇게 되느냐고 다시 물어보았지. 왕자도 예외는 아니라고 말하더구나. 그 이야기를 듣고 하늘이 무너져 내리는 것 같았어. 내가 아무리 지금까지 행복하게 살았어도, 맛있는 음식을 먹고 멋진 옷을 입으며 으리으리한 집에 살았어도, 늙고 병들어서 죽는 운명은 결코 피할 수 없을 테니까. 그 이후로 나는 궁에 살면서도 마치 감옥에 갇혀 있는 것 같았어. 삶은 결국 고통임을 알게 되었지.

이전의 즐거움이 사라져 버린 거군요.

## 출가出家한 이유

그래서 어떻게 하셨어요?

며칠 동안 골머리를 앓다가 북문에 나가게 되었어. 한 출가 수도자가 길을 걸어가고 있었지. 그래서 수도자에게 물었어. "당신은 왜 이 길을 택했습니까?" 그러자 그가 말하더구나. "나는 일찍이 생로병사의 모습을 직접 겪고 모든 것이 헛됨을 알았지요. 그래서 수행을 쌓아 이 고뇌를 해결하려 합니다. 생로병사의 원인을 찾아보고 그 문제를 해결할 수 있는 길을 깨달아 해탈하려는 거지요. 이것이 출가의 이유입니다." 그 이야기를 듣자 나는 귀가 번쩍 뜨였어. '이 길이 내가 찾던 길이다. 자, 이 길로 가자!'

그게 바로 모든 것을 버리고 출가한 이유였군요. 아내와 자식마저 버리고 말이에요.

그렇게 된 거지.

저는 아무리 생각해도 이해가 안 돼요. 개인의 깨달음을 핑계로 가족을 버리는 것은 너무 무책임한 것 아닌가요?

성준이는 1년을 책임지는 사람과 100년을 책임지는 사람 중 어떤 사람이 되고 싶니?

1년과 100년이요? 당연히 100년이죠.

그럼 100년하고 1만 년은?

그걸 뭘 비교하세요. 당연히 1만 년이지요.

나는 아내와 아들의 100년을 책임지는 것보다 모든 인간의 영원을 책임지는 것이 더 중요하다고 생각해서 출가한 거란다.

무슨 말씀이신지…….

아내와 자식을 아무리 사랑하고 책임진다고 해도 그들은 결국 늙고 병들면 죽을 운명이란다. 나 역시 마찬가지였지. 부유한 사람이든, 가난한 사람이든, 왕족이든, 천민이든, 여자든, 남자든 이 운명에서 벗어날 수 있는 사람은 아무도 없어.

그렇죠.

나는 이 문제를 해결하고 싶었지.

에이, 말도 안 돼요. 그게 어떻게 가능해요?

너는 늙고 병들어 죽는 문제를 해결하고 싶지 않니?

물론 해결하고 싶죠. 하지만 인간이 해결할 수 있는 문제가 있고, 없는 문제가 있잖아요. 신이라면 모를까.

내가 이 문제를 해결했을 때 신들도 나에게 경배하러 왔지.

부처님이 신을 경배한 게 아니라 신들이 부처님을 경배했다고요? 믿기지가 않아요. 신들이야말로 영생불멸하잖아요. 죽음이 신에게 무슨 문제가 되겠어요.

신들도 죽는단다. 그들의 운명이 다하면 인간으로 전락할 수 있어. 심지어는 동물로도 태어나지. 모든 존재는 카르마④에 따라 끝없이 윤회⑤하는 거야. 태어나고 늙고 병들고 죽고, 다시 태어나고 늙고 병들고 죽고……. 이 모든 것이 무한히 반복되는 거지. 신들도 이 운명에서 벗어날 길이 없어.

그런데 부처님은 그 운명에서 벗어날 길을 찾았단 말씀이에요?

그렇지.

우와! 저에게도 알려 주세요.

하루아침에 알 수 있는 것이 아니란다. 나는 이 문제를 해결하는 데 6년이 걸렸어.

부처님이 6년 걸려서 해결한 문제의 핵심만, 아니 답만 알려 주시면 되잖아요.

답만?

예, 답만! 속성 과정으로 알려 주시면 안 될까요?

그건 안 되겠구나.

에이, 그러지 마시고 그냥 알려 주세요.

이건 수학 문제 풀이 같은 것이 아니야. 자기가 스스로 수행해서 얻게 되는 것이지. 생각만 바뀐다고 되는 것이 아니라 오

④ **카르마**karma
불교 용어로 산스크리트어이다. 이전 세계에서 지은 선과 악한 행동의 결과로 지금 세계에서 받는 응보應報, 한자로는 업業이라고 한다.

⑤ **윤회**輪廻
불교 용어이다. 산스크리트어로는 '삼사라'samsara라고 한다. 생명이 있는 것은 죽어도 다시 태어나 생이 반복된다고 하는 불교 사상이다.

랜 수행 기간을 거쳐야 도달할 수 있는 경지란다.

성준아, 자꾸 억지 부리지 말고 차근차근 여쭤 봐야지.

## 연기緣起와 무상無常

그래서 출가하고 기분이 어떠셨어요?

이 모든 굴레로부터 태어나지 않고, 늙지 않고, 죽지 않고, 슬퍼하지 않고, 부패하지 않는 최고의 자유를 찾기 시작한다고 생각해 보세요. 어떨 것 같아요?

아주 기쁜 해방감을 맛볼 것 같아요.

불가에서는 이러한 해방감을 '니르바나'[6]라고 해요. 모든 억압의 굴레, 윤회의 굴레에서 벗어나는 거지요.

그 경지에 도달하기까지 6년이나 걸리셨다는 이야기지요?

네. 참으로 기나긴 세월이었지요.

그동안 무엇을 하셨나요?

끊임없이 그 길을 찾아 헤맸지요. 스승들도 많이 만났고요. 요가도 배웠어요.

스포츠센터에서 배우는 요가

⑥ **니르바나**nirvana
산스크리트어이다. 한자로는 '열반'涅槃이라고 하며, 뜻은 '불어서 끄다'이다. 끝없이 타오르는 헛된 욕망의 불을 훅 불어 끄는 것이다.

말씀하시는 거예요?

비슷하기도 하고 아니기도 해. 요즘 요가는 몸의 건강을 위해서 배우더구나. 몸매를 예쁘게 가꾸고, 몸의 균형을 유지하기 위해서.

옛날 요가는 그런 게 아니었나요?

요가는 원래 '말에 재갈을 물려 마차에 단단히 연결하는 것'을 뜻해. 전쟁을 치르기 위해 전투용 마차에 말을 단단히 묶어 두는 거야. 이처럼 영혼의 전쟁을 치르기 위해서 몸에 재갈을 물려 정신에 꽉 붙들어 매는 것이 바로 요가란다. 옛날 요가는 몸을 가꾸는 것이 아니라 몸에 최대한 가혹하게 고통을 주는 심신 수행법이었어. 오히려 몸의 건강을 해치는 거였지.

건강을 해친다고요?

그래. 몸을 버림으로써 오로지 정신만이 살아날 수 있도록 만드는 것이 요가의 핵심이란다. 그렇게 해서 가장 순수한 정신 상태에 도달하게 만들었지.

그래서 니르바나에 도달하셨나요?

아니요, 도달하지 못했어요.

어쩌면……. 그래서 어떻게 하셨어요?

더더욱 혹독한 훈련을 했지요. 극단적인 금욕을 실천한 것이 바로 그 시기에요.

하지만 그렇게 했음에도 니르바나에 이르시진 못했지요. 결국 금욕을 멈추고 유미죽을 드신 후 중도의 길을 선택하셨잖아요. 유미죽을 드시고 건강을 회복한 다음에는 무엇을 하셨어요?

조용히 명상할 수 있는 곳을 찾았지요. 계속 찾다 보니 명상하기에 딱 알맞은 보리수를 발견했어요. 그 보리수 아래에 가부좌를 하고 이레 동안 명상에 잠겼어요. 그리고 마침내 니르바나의 경지에 도달했지요.

우와~ 드디어 부처님이 최고의 지혜에 도달하신 거군요. 어서 말씀해 주세요.

절대적인 것은 아무것도 없다는 걸 깨달았단다. 모든 존재와 생각은 상대적이고 상호 의존적이라는 것을 깨달은 거야.

좀 쉽게 말씀해 주세요.

그래, 민주에게 좀 어렵겠구나. 이렇게 설명해 보자. 민주야, 한자로 사람을 어떻게 쓰지?

그건 알아요. '人'이죠.

그 모습을 잘 보거라. 두 개의 획이 서로 기대어 있지?

네.

그중에 하나가 빠진다면 사람 '人'이 될 수 있을까?

아니요.

이 '人'이라는 글자는 하나가 없으면 다른 하나는 의미가 없는 거야. 두 개의 획이 서로 의존해야만 '人'이 만들어지지. 모든 사물이나 생각도 마찬가지란다. 태어남이 없으면 죽음도 없고, 좋음이 없으면 나쁨도 없고, 아름다움이 없으면 추함 또한 없어. '이것이 있음으로 말미암아 저것이 있고, 이것이 생김으로 말미암아 저것이 생긴다'라는 거야. 이를 불가에서는 '연기'緣起라고 해. '~으로 말미암아 생긴다'는 뜻이지.

그렇다면 이것이 없으면 저것도 없고, 이것이 없어지면 저것도 없어진다는 이야기네요. 엄마가 없으면 제가 없고, 엄마가 없어지면 저도 없어진다는 이야긴가요?

어이구, 민주가 아주 지혜롭구나. 그렇다면 민주야, 이 세상에 변하지 않고 혼자서 살아갈 수 있는 영원한 것이 있을까, 없을까?

연기에 따르면 없겠지요. 모든 것은 상대적이고 의존적이니까요.

민주의 지혜가 놀랍구나. 맞아. 이 세상에 영원한 것이란 없단다. 이를 불가에서는 '무상'無常이라고 해.

'인생무상'人生無常 할 때 그 무상인가요?

맞아. 무상이란 항상 그대로 있는 것은 없다는 이야기야. 모든 것은 변화하기 마련이지.

## 마음에 점을 찍고

엄마, 모든 것이 변화한데요.

그런데?

제 위장 상태가 변화한 것 같아요. 배에서 꼬르륵 소리가 나는데요.

엄마, 오늘 점심 메뉴는 뭐예요?

오늘 점심 메뉴는 점심!

그러니까, 점심 메뉴가 뭐냐고요?

말 그대로 점심點心. 마음에 점을 찍고!

마음에 점을 찍는다는 게 뭔 말이에요?

먹었다치고!

아니, 그럼 점심을 굶으란 말이에요. 왜요?

엄마가 부처님 식단을 살펴보았는데, 부처님은 하루에 한 끼밖에 안 드셨더라고. 아침에 식사를 하시면 그것으로 끝이었어. 그래서 부처님 식단을 따라 우리 집도 하루 한 끼 정도는 굶어 보는 게 좋겠다고 생각했어. 대신 점심 식사에 들어가는 비용을 모아 굶주리고 있는 가난한 나라의 어린이를 후원하기로 했단다.

엄마, 엄마는 지금 자식들이 굶주리고 있는 모습이 안 보이세요?

고놈들 참, 오늘 하루만 참자.

대신 저녁 식사를 빨리하는 것으로 하자.

형, 배고픈 걸 잊는 데는 질문이 최고야. 형이 질문 좀 해 봐.

나는 지금 눈앞에 먹을 것이 왔다 갔다 한다. 네가 해라.

형이 모범을 보여야지.

너희들이 만사가 귀찮은 모양이구나. 그렇다면 내가 맛있는 이야기 하나 해 줄까?

맛있는 이야기요?

네, 해 주세요.

옛날에 한 스님이 있었어. 이 스님은 불교 경전인 『금강경』에 정통한 사람이었지.

엄마가 읽은 책이 『금강경』 맞지, 형?

부처님 말씀 끊지 말고 집중해라, 집중!

그런데 스님에게 이상한 소문이 들리는 거야. 시골의 한 절에서 『금강경』을 아주 잘 풀어 준다고 말이야. 이 스님은 생각했어. '시골 스님 따위가 『금강경』을 알면 얼마나 알겠어. 내가 가서 실력을 발휘해서 혼꾸멍을 내 줘야지.' 그런데 절 입구에 다다르자, 슬슬 배가 고파 오는 거야. 마침 입구에서 빈대떡을 부치는 한 노파가 보였어. 노파에게 빈대떡을 좀 달라고 하니까, 노파가 이렇게 말하는 거야.

"거 보아하니 공부를 많이 하신 스님 같은데, 내가 불경 공부를 하다가 막힌 구절이 있어서 한 번 물어보겠수. 만약에 스님이 대답해 주시면 빈대떡을 공짜로 드리겠지만, 대답을 못하시면 빈대떡은 못 드시는거유."

스님은 의기양양하게 뭐든지 물어보라고 했어. 노파가 물었어.

"『금강경』에 보면 과거에도 마음을 얻을 수 없고, 현재에도 마음을 얻을 수 없고, 미래에도 마음을 얻을 수 없다는 구절이 있는데, 스님은 어느 곳[點]에서 마음[心]을 얻으시려우?"

자, 이 스님이 대답을 했을까, 못했을까? 빈대떡을 얻어먹었을까, 못 얻어먹었을까?

 ……. 못 얻어먹었을 것 같아요.

 너희들 처지와 같구나. 자, 힘을 내거라. 저녁은 먹을 수 있다고 하니.

 알겠습니다!

## 네 가지 성스러운 진리, 사성제四聖諦

부처님, 아까 연기와 무상에 대해서 말씀하셨잖아요?

그랬지.

그런데 연기와 무상이 고통과 무슨 관련이 있어요?

좋은 질문이구나. 이렇게 생각해 보자. 한때 부자였다가 지금은 가난해진 사람은 고통스러울까, 아닐까?

당연히 고통스럽겠지요. 가난해졌으니까.

가난한 사람은 다 고통스러울까?

꼭 그렇진 않을 것 같아요. 가난해도 행복해하는 사람은 얼마든지 있으니까요.

그럼 부자였다가 가난해진 사람은 왜 고통스러울까?

글쎄요, 잘 모르겠어요. 뭐죠?

그 이유는 가난 때문이 아니라 집착 때문이야. 부자였던 과거에 대한 집착! 지금의 가난을 받아들이지 못하고 부자였을 때에 머물러 있는 거지. 집착은 현실을 똑바로 보지 못하게 만들어.

아, 그렇게 생각할 수 있겠네요.

그러면 그 집착을 끊는 방법이 있을까, 없을까?

있겠지요, 당연히!

어떤 방법일까?

과거에 얽매이지 않고 현실을 직시하는 거죠. 영원한 건 없으니까요.

그게 바로 무상이란다.

그렇군요. 그러니까 고통은 무상한 것에 대한 집착에서 생기는 거군요.

지금 부처님과 성준이가 '사성제'四聖諦에 대해서 대화를 나누고 있네요.

사성제요?

부처님이 깨달은 '네 가지 성스러운 진리'를 말하는 거야.

사성제는 고집멸도苦集滅道, 즉 고통, 집착, 없어짐, 바른길을 가리키는 네 가지 진리야. 첫째, 고통[苦]. 태어나 늙고 병들고 죽는 것은 모두 고통이야. 사랑하는 사람과 헤어지는 것도 고통이고, 싫어하는 사람과 만나는 것도 고통이고, 갖고 싶은 것을 얻지 못하는 것도 고통이지. 한마디로 삶은 고통이라는 이야기.

둘째, 집착[集]. 이 고통은 집착 때문에 생기는 거야. 집착은 탐욕과 분노와 어리석음의 모습이지. 무언가를 갖지 못할 때 탐욕스러워지고, 화를 내고, 어리석은 생각과 행동을 해.

셋째, 없어짐[滅]. 하지만 이 고통을 없앨 수 있어. 생김이 있으면 없어짐도 있으니까.

넷째, 바른길[道]. 이 고통을 소멸시킬 수 있는 바른길이 있지. 그 길을 따라가면 고통은 없어지고 참자유를 얻게 되는 거란다.

와~ 이 어려운 이야기를 부처님과 제가 나눴단 말이에요?

그럼, 그것도 아주 잘!

저한테도 이야기해 주세요.

그래? 민주한테는 무슨 이야기를 해 줄까? 거울 이야기가 좋겠구나. 여기 맑은 거울이 있어. 그 거울 앞에 민주처럼 멋있는 아이가 있다면 거울은 기분이 아주 좋을 거야.

헤헤헤. 그렇겠죠.

그런데 민주가 거울을 다 보고 나가 버렸다면 거울에는 민주가 있을까, 없을까?

당연히 없죠. 제가 나갔으니까.

그런데 만약 거울에 아직까지 민주가 남아 있다면 그걸 거울이라고 할 수 있을까?

제가 남아 있다고요? 어째 무시무시한데요. 그건 거울이 아니지요.

잘 대답했다. 끝.

뭐가 잘 대답하고 뭐가 끝이라는 말씀이세요?

성준이가 이야기해 볼까?

네, 최선을 다해 볼게요. 먼저 거울은 우리 마음이에요. 마음에 어떤 모습이 나타나면 마음은 그 모습을 그대로 비춰요. 하지만 어떤 모습이 사라지면 마음도 그 모습을 지워야 해요. 만약에 지우지 않는다면 그것은 집착이고, 우리의 마음은 고통스럽게 되지요.

그렇지. 아주 잘 설명했다. 무엇이든 집착하면 거기에서 고통이 생기는 거란다.

아하, 그런 이야기구나.

그럼, 민주한테 질문 하나 해 볼까?

네, 좋아요.

거울 앞에 민주가 섰는데 거울에 비친 민주의 모습이 뿌옇다면 어떻게 해야 될까?

그건 거울이 더러워진 거니까 깨끗하게 닦아야지요.

잘 대답했다. 그 거울을 깨끗하게 닦는 것을 불가에서는 '여덟 가지 바른길' 즉, '팔정도'八正道라고 한단다.

## 여덟 가지 바른길, 팔정도八正道

사성제에 따르면, 삶은 고통이고 고통의 원인은 집착이며 이를 없앨 방법이 있고, 부처님께서는 그 길을 찾으셨다는 이야기잖아요. 그런데 부처님만 사성제를 깨달으신 건가요?

사성제를 고민하고 깨달은 건 저뿐만이 아니에요. 삶은 고통이고, 그것은 집착 때문에 생긴 것이며, 이를 해결할 수 있는 방법이 있다는 것은 모든 종교가 공유하는 내용이에요. 인도의 베다 전통[7], 힌두교[8] 등도 불교와 마찬가지로 이를 고민했지요.

그럼, 결국 진리에 도달하는 길이 달랐던 거군요.

그렇지요. 베다 전통에 따르면 인간은 신에게 제사를 지냄으로써

복을 받고 영원한 삶을 살 수 있다고 생각했어요. 그래서 이 전통에 따르는 사람들은 제사를 지내는 불을 무엇보다 중요하게 생각했지요. 한편, 힌두교를 따르는 사람들은 최고의 신인 브라흐만과 참다운 자아인 아트만이 하나가 되는 경지에서 그 길을 찾았어요. 신과 인간의 합일合一이라고나 할까요? '범아일여'梵我一如라는 말은 이 정신을 잘 나타내고 있지요.

그러면 부처님의 길은 무엇인가요?

제가 도달한 길은 결국 '영원히 변하지 않는 나'는 없다는 거였지요. 그것을 한자로는 '무아'無我라고 번역하더군요.

말도 안 돼. 어떻게 제가 없을 수 있어요? 여기 이렇게 있잖아요. 부처님은 제가 안 보이세요?

하하하. 물론 보이지. 내가 말하는 '나는 없다'라는 건 연기와 무상을 곰곰이 생각하면 도달할 수 있는 결론이야.

그래요?

그래. 하나하나 생각해 보자꾸나. 먼저 연기적으로 성준이를 보면 성준이 혼자서는 결코 있을 수 없어. 부모님이 없으면 네가 없잖아. 그리고 지금 성준이가 살아가려면 공기와 물은 물론 밥도 필요하지. 그것에 의

**⑦ 베다 전통**
인도의 전통적인 신앙으로, 천상의 신에게 불의 제사를 지냄으로써 신의 세계와 인간의 세계가 질서를 갖출 수 있다고 믿었다. 신의 도움으로 삶의 고통에서 벗어나길 기원했다.

**⑧ 힌두교**
현재 인도에서 가장 많은 사람들이 믿는 힌두교는 여러 신을 섬기는 다신교이다. 신과 내가 하나가 되는 범아일여를 최종 목표로 삼는다. 잘못된 욕망과 집착에 사로잡힌 거짓 나를 벗어나 참된 나를 찾기를 소망한다.

존하지 않으면 성준이가 존재할 수 있을까?

그렇지 않죠.

또 무상적으로 생각해 보면 성준이는 옛날의 성준이가 아니지. 지금도 계속 변하고 있고 앞으로도 끊임없이 변할 거야. 그렇지?

당연히 그렇지요.

그렇다면 아무것에도 의존하지 않고, 영원히 변하지 않는 성준이가 있을까?

없어요.

잘 말했다. 내가 말하는 무아無我는 지금 내가 없다는 것이 아니라, 아무것에도 의존하지 않고 영원히 변하지 않는 성준이는 없다는 이야기야.

아, 그런 뜻이라면 동의할 수 있어요.

그런데 사람들은 자꾸 어떠한 모습이나 생각에 집착하고 사로잡혀서 그것이 있으면 기뻐하고, 없으면 화내고, 탐욕스럽게 그것을 찾게 되지.

그래서 고통에 빠지는 거고요.

그렇지. 그 고통에 빠지지 않기 위해서 개발한 것이 바로 '여덟 가지 바른길'이야.

그게 뭔가요?

바르게 보고[正見 정견], 바르게 생각하고[正思 정사], 바르게 말하고[正言 정언], 남에게 해코지하지 않고[正業 정업], 좋은 직업을 가지며[正命 정명],

마음을 늘 건전하게 유지하고[正精進 정정진], 바르게 살펴[正念 정념], 그 곳에 마음을 집중[正定 정정]하는 거지.

여덟 가지에 모두 바를 '정'正 자가 있네요.

그래. 이 여덟 가지 바른길을 가다 보면 니르바나에 도달할 수 있다는 걸 깨달았지.

우와, 멋진데요.

## 말씀과 진리가 있는 곳, 절

부처님, 한국에도 절이 많이 있는데, 한번 가 보실래요?

한국에도 불교가 많이 퍼져 있나 보지요?

교회처럼 많지는 않지만 제법 있는 편이에요.

그럼 가까운 곳으로 가 볼까요?

제가 적적할 때 가는 절이 있어요. 그리 멀지 않으니 그 절에 가 보도록 해요.

(절을 둘러보며)

아담하고 좋네요.

큰 절도 많지만 저는 왠지 작은 절이 좋더라고요.

규모가 훌륭함을 결정하는 것은 아니니까요.

대웅전[9]에 가 볼까요? 얘들아, 대웅전에 가서 부처님께 참배해야지.

우리는 교회에 다니는데 그런 예절이 필요할까요?

절에 오면 절에 대한 예절을 갖춰야지. 그럼 너는 교인이 아닌 사람들이 교회에 와서 마음대로 행동하면 좋겠니?

꼭 그런 건 아니지만, 너무 형식적인 것 같아요.

그래요. 아이들에게 너무 강요하지 말아요. 형식은 내용을 담는 그릇일 뿐이니까요.

그릇이 없다면 내용물을 담을 수 없잖아요. 부처님도 계율을 중요시하셨잖아요.

하지만 그릇이 내용을 담을 수 없을 땐 어떻게 하실 건가요? 『이솝우화』에 나오는 「여우와 두루미」 이야기 아시지요?

그건 제가 알아요. 여우가 두루미를 초대했는데, 두루미가 먹을 수 없는 접시에 음식을 담아서 주었지요. 그다음에는 두루미가 여우를 초대했는데, 여우가 먹을 수 없는 병에 음식을 담아 주었다는 이야기잖아요.

민주가 잘 알고 있구나. 형식은 상대방에 따라 다르게 적용되어야 하는 거지요.

제가 미처 그런 생각을 하지 못했네요. 성준아, 미안.

엄마가 그렇게 말씀하시니 제

**⑨ 대웅전**
절의 중심에 위치한 가장 큰 건물로, 부처님을 모시는 곳이다.

가 오히려 죄송해요. 대웅전에 가서 참배하고 올게요.

그럴 필요 없단다. 마음에 없는 형식은 하지 않느니만 못하니까.

하지만 절은 부처님을 모시는 곳이니, 부처님에게 인사하는 게 최소한의 예절이 아닐까요?

제가 절을 세운 이유가 나를 모시기 위해서일까요?

…….

그러면 스님들이 살 곳이 없어서일까요?

…….

아니면 중생들이 예배드릴 곳이 없어서일까요?

……. 이도 저도 아니라면 절은 왜 있는 거예요?

진리를 전달하기 위해서이지요. 절이라서 진리가 전달되는 것이 아니라, 진리가 전달되는 곳은 어디든 절이에요. 그러니 절을 찾지 말고 진리를 찾아야 해요.

이제 부처님의 뜻을 확실히 알겠어요.

엄마, 점심을 굶었더니 배고파요. 저녁은 언제 먹나요?

이곳 보살님께 잔치국수를 준비해 달라고 부탁했어. 모두들 배고프죠? 저녁 먹으러 가요.

드디어 음식을 먹네요. 제가 많이 먹더라도 뭐라 하지 마세요. 배 속에서 음식을 넣어 달라고 아우성이니까요.

그러게. 성준이가 오래 참는다 했다.

엄마, 그런데 왜 하필이면 잔치국수예요?

잔치국수가 어때서?

너무 흔한 음식이잖아요. 부처님을 대접하려면 뭔가 더 근사한 것을 준비하셔야 하는 거 아니에요?

그래서 준비한 거야. 이 음식이 '잔치국수'라는 이름을 갖게 된 이유는 잔치 때나 먹을 수 있을 만큼 귀했기 때문이야. 옛날에는 밀가루가 귀해서 귀족층이나 부잣집에서만 국수를 먹을 수 있었어. 평민들은 부잣집에서 잔치를 열어야지만 맛볼 수 있었지. 그러다가 한국전쟁이 터지자 미군이 부산에 있는 피난민들에게 밀가루를 배급했어. 그때부터 밀가루 음식이 대중화되어서 지금처럼 싼 가격에 먹을 수 있게 된 거야.

그게 부처님과 무슨 상관이 있어요?

우리나라에 불교가 처음 들어왔을 때에는 귀족들만 불교를 믿었지만 신라의 원효대사가 대중들이 믿기 쉽게 불교를 전파하면서 대중불교로 변했어. 마치 잔치국수가 귀한 사람들만 먹다가 이제는 대중들이 손쉽게 먹는 음식이 된 것처럼 말이야. 게다가 잔치국수는 절에서 제공하는 대표적인 음식 중 하나야. 장수를 기원하는 음식이기도 하지.

우리 엄마의 이 꼼꼼함과 세심함이란……. 놀랍습니다, 마마.

어서 국수 먹으러 가자.

## 무엇에도 집착하지 않는 삶

식사는 잘 하셨어요?

네, 맛있게 먹었어요. 담백하고 시원하네요.

점심을 굶어서 그런지 두 그릇이나 비웠어요. 배가 불러서 숨 쉬기 힘들 정도예요. 그런데 엄마, 배가 살살 아파 와요.

아휴~ 미련하게 많이 먹는다 했다. 여기 소화제가 있을 거야. 내가 받아 올게.

(잠시 후)

소화제를 먹었더니 이제 좀 살 것 같아요.

소화제 몇 알 더 먹을래? 많이 먹으면 소화가 더 잘되지 않을까?

약물을 남용하는 건 좋지 않아요. 이건 상식인데…….

그래 맞다. 상식이지. 그런데 사람들은 종종 상식을 어기더구나.

무슨 말씀이세요?

약은 아플 때 먹는 거야. 그러니 건강을 되찾으면 약은 그만 먹어야 해. 만약에 건강을 되찾았는데도 계속 먹으면 이번엔 그 약 때문에 또 다른 병이 생기지 않겠니? 그런데 사람들은 계속 약을 복용하더구나. 종교라는 약을 말이야. 건강한 사람에게는 약이 필요 없단다.

습관적으로 종교 생활을 하는 사람들을 지적하시는 건가요?

아니요, 자신의 믿음에 집착하는 사람을 지적하는 거예요. 저는 이 이야기를 뗏목에 비유하곤 했지요.

뗏목이요?

응, 뗏목! 강을 무사히 건너기 위해서는 뗏목이 꼭 필요하지. 하지만 강을 다 건너고 나서 뗏목을 이고 가는 사람은 없을 거야. 진리의 길을 가고자 하는 사람은 집착이 없어야 하는 거란다.

그렇다면 부처님은 부처님 자신의 말씀조차 부정하시는 건가요?

말은 항상 일정한 맥락에서 만들어지게 되어 있어요. 말이 맥락을 잃으면 더 이상 의미가 없지요. 제 말도 마찬가지에요. '이 말은 항상 진리이다'라고 말하는 것만큼 위험한 태도는 없어요. 그래서 중국의 임제[10] 선사는 "부처를 만나면 부처를 죽이고, 조사[11]를 만나면 조사를 죽여라."라고 말했어요. 어떤 말과 형태라도 절대화해서는 안 된다고 경고한 거지요.

그러면 대웅전에 있는 부처님은 진짜 부처님이 아니라는 말씀이세요?

만약에 민주가 대웅전의 부처만 진짜 부처라고 생각한다면 그것은 부처의 모습에 집착하는 거야. 하지만 민주가 대웅전의 부처를 보면서 부처의 지혜를 느낄 수 있다면 그게 곧 진짜 부처이지.

어렵다.

그 무엇에도 집착하지 말라는 말씀이신 건가요?

맞아. 성준이가 배탈이 난 이유는 잔치국수에 집착했기 때문이야.

아, 이제 알았다. 적당히 먹으면 괜찮지만 지나치게 먹으면 나쁘다. 이 말씀이시지요?

하하, 참 실용적인 해석이구나.

⑩ **임제**臨濟
중국 당나라의 승려로 임제종을 만든 시조이다.

⑪ **조사**祖師
후세의 존경을 받을 만한 승려이거나 1종 1파를 세운 승려에게 붙이는 칭호이다.

## 자신이 없는 것처럼

(집에 돌아온 뒤 거실에 모여 앉아)

이제 부처님 가실 시간이 다 되었네. 마지막으로 궁금한 게 있으면 하나씩만 질문하도록 할까?

부처님, 궁극적으로 니르바나는 무엇인가요?

성준이의 질문이 이제 정곡을 찌르는구나. 니르바나는 탐욕과 증오와 망상이 사라지는 것을 말한단다. 그러한 것들이 사라지면 집착이 사라지고, 결국 생로병사의 고통도 사라지지. 불교는 고통의 원인을 없앰으로써 궁극적으로는 고통 자체를 없애는 것이라고 내가 말했지?

하지만 결국 부처님도 돌아가셨잖아요.

그랬지. 나 역시 몸을 가지고 태어났으니까. 이 몸이 늙고 병들고 죽는다는 것은 누구도 피할 수 없는 운명 같은 거야. 하지만 나는 고통스럽게 죽지 않았어. 그리고 윤회의 굴레에서 벗어날 수 있게 되었지. 그래서 나를 '여래'[12] 라고도 부른단다.

그러면 부처님처럼 살기 위해서 우리는 어떻게 해야 되나요?

'자기가 없다'고 생각하며 사세요. 자기중심주의에서 벗어나서 남에게 해를 끼치지 말고 자비의 마음으로 남에게 선을 행

⑫ **여래**如來
'이와 같이 오다'라는 뜻으로 다시는 윤회하지 않고 영원한 생명을 얻은 존재를 부르는 존칭이다. 즉, 부처님을 뜻한다.

하세요. 그 무엇에도 집착하지 말고 변화하는 세상을 있는 그대로 바라보세요.

말씀은 좋지만 실천하기는 정말 어려울 것 같아요.

그렇지요! 그래서 제가 "네 가지 성스러운 진리를 늘 기억하면서 여덟 가지 바른길로 걸어가라."라고 제자들에게 말한 거예요.

부처님은 신을 믿지 않으셨나요?

신은 어느 곳에나 계시지요. 하지만 신에 의존하며 살아서는 안 돼요. 신도, 우리 인간도 모두 카르마를 짓고 윤회의 굴레에서 벗어날 수가 없으니까요. 그러니 진리를 따라 진리의 길로 당당하게 걸어가세요. 신도 부러워할 길을 찾아보세요.

부처님, 저에게는 어떤 말씀을 해 주고 싶으세요?

민주는 어린이니까 어린이에게 맞는 말을 해 줄게. 첫째, 거짓말을 하지 마라. 그것은 남을 속이는 것이 아니라 자신을 속이는 거야. 둘째, 생명을 사랑해라. 너보다 약하고 보잘것없다고 생각하는 생명을 불쌍히 여기렴. 작은 벌레 한 마리도, 풀잎 하나도 다 생명이란다. 셋째, 너의 몸과 마음을 잘 보살펴라. 건강하게 자라고 남을 배려하는 어린이가 되면 좋겠구나.

부처님, 우리 식구 모두에게 들려주고 싶은 말씀이 있으면 해 주세요.

"모든 존재가 행복하게 하라! 약하든 강하든, 높든 중간이든 낮든, 작든 크든, 보이든 보이지 않든, 가깝든 멀든, 살아 있든 태어날 것이든 모두가 온전히 행복할지어다!"

우리는 부처님을 어떻게 기억하면 좋을까요?

무엇보다 저를 "깨어 있는 사람으로 기억해" 주길 바랍니다. 여러 분도 늘 깨어 있으십시오.

부처님 안녕히 가세요.

감사합니다.

## 부처님을 보내고

오늘은 왠지 마음이 가라앉고 무거워지는 느낌이에요.

나는 하루 종일 가슴이 뛰었어요.

저는 오늘 하루 종일 쫄쫄 굶다가 결국 배탈이 났어요.

형은 분위기를 반전시키는 데 정말 천재적이야. 저는 정신이 맑아 지는 기분이에요.

그래. 오늘도 우리 식구가 가슴에 담을 것이 많은 하루를 보냈구나. 자기 전에 부처님과 보낸 오늘을 떠올리면서 가장 인상 깊었던 점 하나씩 이야기해 보자. 당신은 어땠어요?

나는 부처님과 나눈 대화 중에 "진리가 전달되는 곳은 어디든 절이니 절을 찾지 말고 진리를 찾아라."라고 하신 부분에서 큰 충격을 받았어요. 그동안 진리를 찾으려고 절에 갔다기보다는 그냥 절에 가면 마음이 편안해져서 간 거였거든요. 내가 그동안 장소에 집착했구나 하고 돌아보게 되었어요.

저는 부처님과 사성제를 이야기할 때가 가장 좋았어요. 부처님과 이야기하면서 저도 모르는 사이에 사성제를 이해하게 되었던 점도 놀라웠고요. 부처님에겐 신기한 능력이 있는 것 같아요. 또 부처님과 대화하는 동안 현재를 충실히 살아야겠구나 생각하기도 했어요.

민주는?

저는 부처님과 나눈 거울 이야기가 재밌었어요. 제 마음이 거울이라고 생각하니까 나쁜 것을 보면 나쁜 마음이 생기고, 좋은 것을 보면 좋은 마음이 생기겠구나 하는 생각이 들더라고요. 다른 사람을 잘 보려면 먼저 제 마음을 깨끗이 닦아야겠다는 생각도 했어요.

마음은 천천히 닦고 얼굴이나 제대로 닦지 그래? 매일 아침 학교에 늦는다고 세수도 안 하고 달려가는 모습을 한두 번 본 게 아니거든!

형, 진짜 너무해. 진지하게 말하고 있는데, 칫.

그럼, 민주는 꼭 씻고 자기다. 다들 수고 많았어요.

오늘 밀크 수프 말고는 별다른 음식 준비를 안 해서 편하셨죠?

대신 마음의 준비를 단단히 했잖니^^ 자, 이제 그만 자자.

  네. 엄마 아빠, 안녕히 주무세요.

 그래, 너희들도 잘 자렴.

부처, 불교를 만들다
불교가 일어날 당시 인도는 브라만교가 지배하는 사회였어.
브라흐만은 우주의 근원을 상징하는 최고의 신이야.
브라만교는 '최고의 신인 브라흐만과 인간 안에 있는 아트만이 하나'라는 교리를 가지고 있어.
범아일여 (梵我一如)
브라만교도 불교에서 이야기하는 카르마와 윤회 사상을 믿었는데, 불교가 브라만교의 생각을 받아들인 거야.
카르마
윤회
물론 브라만교도 카르마와 윤회에서 해탈해야 한다고 생각했어.
진정한 자아를 찾아 신과 하나 되기 위해 수행 중이지.
카르마
윤회
결국 불교는 브라만교라는 종교적 배경 아래서 탄생한 거야.
불교
브라만교
고타마 싯다르타 역시 출가 후 처음에는 브라만교의 수행 방법으로 수행했는데

6년간의 수행 끝에 다른 결론을 내렸어.
브라만교는 아트만이 목적이지만 나의 결론은 불변하는 영원한 자아는 없다는 거야.
즉, 아트만은 없다. 아나트만!
무아(無我) = 아나트만 = 비아(非我)
모든 존재는 서로 연관되어 있고, 늘 변하는 일시적 존재일 뿐이야.
따라서 영원한 자아를 찾는 노력 자체가 망상에 불과해.
영원한 자아
이것이 불교의 연기론과 무아 사상이야.
인연…
무아
불교는 고타마 싯다르타가 기원전 6세기경, 현재 인도 동북부 지방과 네팔에 있던 마가다 왕국을 중심으로 만들었어.
마가다 왕국
29세에 출가해서 35세에 보리수 아래에서 깨달음을 얻은 후, 고타마 싯다르타는 부처(Buddha)가 되었지.
사성제와 팔정도라는 깨달음과 수행 방법 덕분에
◦사성제
• 고(苦) 집(集) 멸(滅) 도(道)
◦팔정도
• 정견, 정사유, 정어, 정업 정명, 정정진, 정념, 정정
불교는 이후 많은 수행자와 신도를 얻어 거대한 세력이 되었어.
불교 세력

부처는 45년간 승단을 이끌다가 80세에 열반했어.
그 후 제자들이 모여 부처의 말씀과 승단의 규율을 정하게 되지.
행사 안내
대상: 부처님 제자
주제: 규율제정
부처의 수제자 마하가섭이 사회를 보고,
부처의 최측근 아난다가 부처의 말씀을 암송하고,
승단의 규율부장인 우바리가 계율을 정리했어.
규율
이렇게 최초의 불교 경전이 만들어지고,
수타니타파
부처가 돌아가신 후 처음 모였다고 해서 1차 결집이라고 해.
그 후 불교는 마가다 왕국을 중심으로 각지로 전파되었어.
마가다 왕국
기원전 317년 찬드라굽타가 인도를 통일하게 돼.
인도 최초의 통일 국가인 마우리아 왕조야.
나는 천민 출신 이었어.
제3대 왕인 아소카 왕이 즉위하고 불교는 급격히 팽창했어.

아소카 왕의 영향으로 인도뿐 아니라 그리스의 식민지인 박트리아, 스리랑카(실론), 미얀마(버마) 등 국외까지 불교가 전파되었어.
불교의 전파에 온 힘을 기울였지.
박트리아
히말라야산맥
월지
아소카 왕의 영토
부처 사후 100년이 지나자 불교 계율의 해석을 놓고 두 개의 파로 갈려.
원칙대로 먹지 말아야지.
주제 : 밥 때를 놓치면 먹어야 하나, 굶어야 하나.
장소 : 바이샬리
불가피하게 못 먹었다면 먹어야 해.
뭘 그런 걸 가지고 고민하지?
?
하나의 계율이 무너지면 많은 예외 조항이 생기면서 계율 자체가 사라질 수 있기 때문이야.
예외
와르르
이러한 문제 열 개를 십사(十事)라고 해.
1. 2. 3. 4. 5. 6. 7. 8. 9.
갈등이 심해지자 원칙을 고수했던 상좌부가 따로 모여 원칙을 지키기로 결정했어.
이를 2차 결집이라고 하지.
원칙결의
이러한 입장을 반대한 파가 대중부였어.
반대!
반대!
대중부
그래서 소승불교와 대승불교로 갈라진 거야.
소승
대승
찬성
반대

불교에 다양한 파가 생기면서 출가한 스님들을 중심으로 학문적인 연구에 몰두하느라 대중성을 잃어 가는 한편,
학문 연구.
대중
저급한 미신적 신앙으로 타락하면서 본래 불교의 모습을 잃어 가고 있었지.
부처님을 황금으로 물들이자.
이러한 경향을 비판하면서 대중부와 신도들을 중심으로 본래 불교의 모습을 되찾자는 대승불교운동이 기원전 1세기에 시작되었어.
부처님을 대중의 품으로!
대승불교를 주장하는 사람들은 이전의 경향을 소승불교라고 비판하면서 불교 개혁을 주장했지.
불교
개혁
개혁
소승은 '작은 수레'라는 뜻으로 개인적 깨달음과 수양에만 몰두하는 폐쇄적 경향을 뜻해.
해탈
나의 성불
이에 반해 대승은 '큰 수레'라는 뜻으로 개인적 해탈보다는 대중의 구원을 염원했지.
대승불교는 아라한 대신에 보살이라는 새로운 이상적 인간상을 제시하였고, 불교의 대중화에 앞장섰어.
중국
한국
일본
한편 소승불교는 정통성을 주장하며 스리랑카를 중심으로 한 남쪽으로 자신의 세력을 확산시켰어.
미얀마
라오스
태국
캄보디아
베트남

7세기 중엽에서 말엽에 이르는 시기에 새로운 불교인 밀교가 나타났어.
불교의 교리가 일반인이 다가가기엔 너무 어려워.
주문을 지속적으로 암기하고 반복하면 부처가 될 수 있어.
만트라(眞言)구송
밀교가 대중화되면서 금강승이라는 불교 유파가 형성되었어.
이 밀교가 티베트에 전파되면서 라마교로 발전, 티베트의 고유한 불교로 정착되었지.
티베트
라싸
세계적으로 유명한 달라이라마는 바로 티베트 불교의 대표 지도자야.
인도의 불교는 점점 쇠퇴의 길을 걸었던 반면, 불교가 전파되었던 다른 나라들은 자신의 고유한 불교를 형성해 갔지.
인도불교
다른 나라 불교
중국에 불교가 전파된 것은 1세기경이지만, 위진남북조시대부터 명나라까지 번창했어.
위진남북조 → 명
불교가 처음 중국에 전파되었을 때는 쉽게 받아들여지지 않았어.
내세
우리 사람 현세주의적이다해.
하지만 5세기부터는 중국에 뿌리내리면서 인도에서 중국으로 승려들이 들어오고, 승려들이 인도로 유학하기도 했어.
포교
유학
인도
중국

이후 중국은 다양한 경전 연구와 수행 과정을 통해

독자적인 자신의 종파를 만들어 갔어.

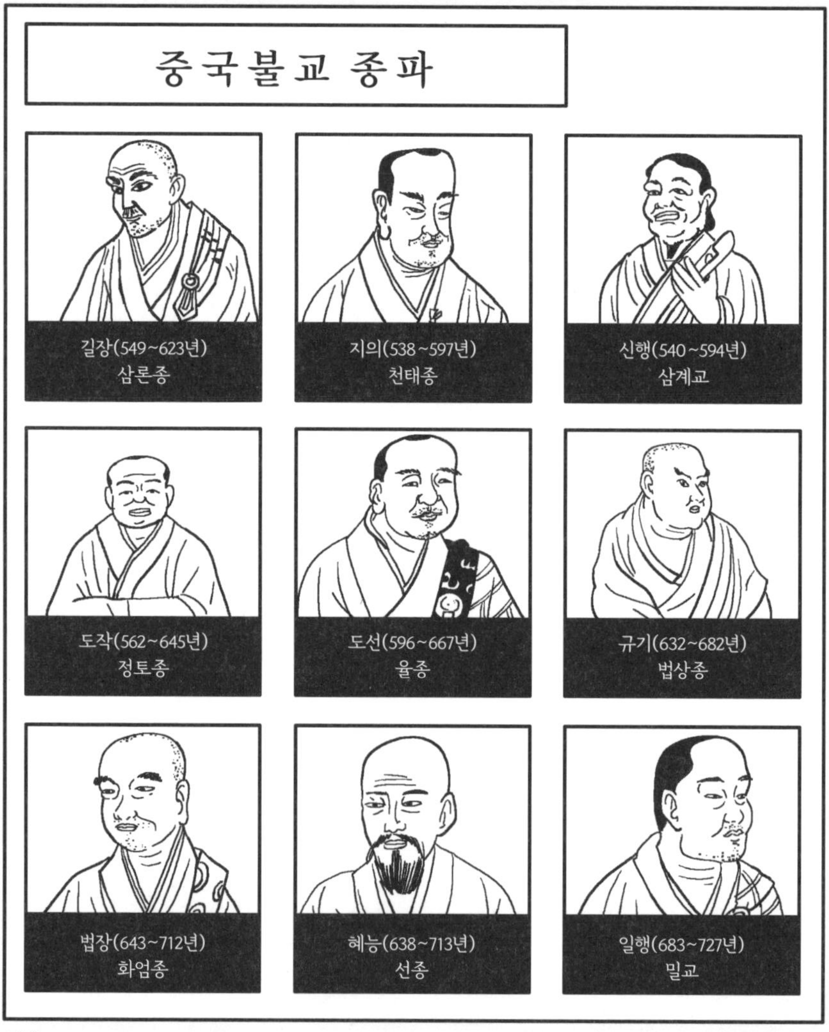
중국불교 종파
길장(549~623년)
삼론종
지의(538~597년)
천태종
신행(540~594년)
삼계교
도작(562~645년)
정토종
도선(596~667년)
율종
규기(632~682년)
법상종
법장(643~712년)
화엄종
혜능(638~713년)
선종
일행(683~727년)
밀교

인도 달마선사에 의해 전해진 선불교는
경전을 연구하고 계율을 지키는 점진적인 수행을 통해 깨달음을 얻는 대신,
경전
계율
참선을 통해 즉각적 깨달음을 얻어야 함을 강조했는데,
참
선
처음에는 너무 과격한 방법 때문에 받아들여지지 않았어.
No!!
선불교 금지
하지만 6대 조사인 혜능에 이르러 활짝 꽃피게 돼.
이러한 선불교의 비약적 발전은 중국 불교의 주류를 형성했고,
선종 5가라 불리는 임제종, 위앙종, 조동종, 운문종, 법안종의 종파가 성립되었어.
위앙종
조동종
운문종
임제종
법안종
선종은 중국은 물론 한국과 일본의 불교와 문화에 큰 영향을 미쳤지.
오늘날 우리나라의 불교적 경향은 이 선불교가 지배적이야.
禪
불교 이야기는 여기서 정리할게.

소크라테스
신속배달
지혜루

# 지혜를 낳도록 도와주는 '소크라테스 지혜 조산원'

3

# 술과 만찬을 즐겼던 소크라테스님

**아침** 술을 자주 마신 소크라테스님의 속을 달랠 수 있는 음식

**케이크** 밀가루, 달걀, 버터, 우유, 설탕 등을 넣어 오븐에 구운 서양 음식.

**채소·과일 샐러드** 각종 채소와 과일에 올리브유, 식초, 소금, 후추, 허브 가루를 섞은 소스를 넣는다.

**점심** 산파였던 소크라테스님의 어머니를 생각하며 준비한 음식

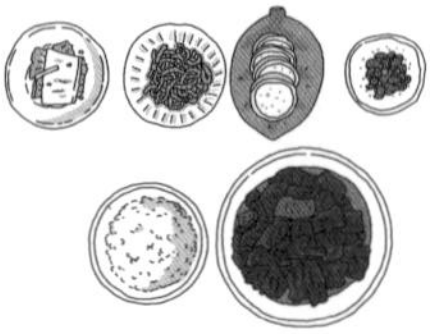

**미역국** 산모에게 많이 먹이는 음식. 미역은 피를 생성하는 데 아주 큰 도움을 주며 콜레스테롤 수치를 낮추고 비만을 방지한다.

**가정식 백반** 밥에 국과 몇 가지 반찬을 곁들인 한 상의 음식.

**저녁** 향연과 향응을 좋아했던 소크라테스님을 위한 음식

**뷔페** 소크라테스님은 사실 소식가. 음식에 너무 탐닉하면 위와 두뇌와 혼이 망가진다고 생각했다.

## 소크라테스님 오시는 날

오늘은 소크라테스님이 오시는 날이구나.

오늘을 정말 기다렸어요. 아빠 서재에서 플라톤의 『대화편』[1] 도 읽어 봤고요. 나름 소크라테스님에 대해서 연구한 셈이지요.

성준이 의욕이 대단한데.

엄마가 부처님을 만나 뵙기 전에 『금강경』을 읽는 모습을 보고 자극받았어요. 엄마가 제 전투력을 상승시켰지요.

한판 전투라도 치를 기세인데, 형.

오늘은 전투를 치르는 날이 아니라 소크라테스님에게 지혜를 배우는 날이야. 게다가 너무 힘이 들어가면 전투에서도 지기 마련이지. 성준이도 알지?

야구에서 투수가 어깨에 너무 힘이 들어가면 좋은 공을 던질 수 없는 것처럼 말이죠?

오, 성준이가 제법인걸.

**① 플라톤의 『대화편』**
플라톤은 아테네의 명문 가정에서 태어났다. 젊었을 때 소크라테스에게 배우고 결정적인 영향을 받았다. 소크라테스가 죽은 후 소크라테스를 주인공으로 삼은 수많은 책을 남겼다. 그의 저술은 대부분 소크라테스와 다른 사람 간의 대화 형식으로 이루어져 있어서 『대화편』이라고 한다. 『소크라테스의 변론』 『크리톤』 『파이돈』 『향연』 『국가』 등이 있다.

제가 제법이라는 걸 아빠만 모른다고요.

어허, 이 무슨 부자간의 거리감이란 말인가.

그러니까 당신도 아이들에게 신경 좀 써요. 아이들은 엄마 혼자 키우는 게 아니라고요.

이러다가 소크라테스님이 오기 전에 내 성토 대회부터 열리겠다. 위기를 모면하기 위해서라도 소크라테스님이 빨리 오셔야 할 텐데…….

## 강철 체력, 강인한 정신

(딩동딩동)

소크라테스님이 오셨나 보다. 나의 위기를 넘겨 줄 위대한 소크라테스님 어서 오소서.

누구세요?

여기가 성준이네 집 맞지요?

네, 맞습니다. 어서 들어오세요.

우와, 정말 못생겼다.

민주야!

하하하, 들어오면서부터 이 무슨 봉변이람. 나를 못생겼다고 하는 넌 누구니?

헤헤. 저는 민주라고 해요.

그렇다면 네가 성준이겠구나. 나를 초대한?

네, 맞아요. 소크라테스님을 정말 기다렸어요.

그런데 내가 못생겼다고 누가 말해 주던?

성준이 형이요. 플라톤인가 뭔가 하는 사람 책에 그렇게 쓰여 있었대요.

민주, 너 죽~는다.

그러니까 나에 대한 정보를 플라톤이 넘겨줬단 말이지? 감히 일급 비밀을 문서에 남겨 놓다니, 가서 혼내 줘야겠는걸^^

아니에요, 할아버지. 제가 할아버지 외모는 좀 못생긴 축에 속하지만, 강인한 체력과 강철 같은 용감함을 지닌 훌륭한 전사의 모습이라고 말해 줬어요. 그런데 민주가 뒷말은 다 자르고 할아버지를 놀린 거예요.

아이고, 이거 초면에 죄송합니다. 제가 아이들을 버릇없이 키워서.

괜찮습니다. 쾌활하고 좋은데요, 뭘. 아이들은 저렇게 솔직하게 자기 이야기를 해서 참 좋아요. 괜히 격식을 갖춘다고 마음에도 없는 칭찬만 늘어놓는 어른들에 비하면 말이죠.

그렇게 이해해 주시다니 정말 감사합니다. 어서 들어오시지요.

할아버지가 오신다고 해서 아침 식사는 간단하게 케이크와 채소 · 과일 샐러드를 준비했어요. 샐러드 소스는 올리브유에 식초하고 소금, 후추, 허브 가루를 넣어 만들었고요. 아빠가 할아버지는 술을 자주 드셔서 아침은 간단하게 속을 달랠 수 있는 음식을 준비하는 게 좋을 거라고 해서요.

물론 술을 아무리 마셔도 취하시지 않는다는 이야기도 덧붙였어요.

플라톤이 저에 대해서 아주 자세하게 써 놨나 보군요. 허허허.

편안하게 드시고 즐거운 이야기 많이 해 주세요.

감사합니다. 음, 정말 맛있구나. 그런데 성준이는 내가 강인한 체력과 강철 같은 용감함을 가지고 있다는 것을 어찌 알았누? 그것도 역시 플라톤이 알려 주던?

네, 헤헤. 플라톤이 쓴 『향연』을 보면 끔찍이 추운 겨울인데도 늘 입고 다니던 얇은 외투만 걸치고 맨발로 얼음 위를 걸으셨다는 이야기며, 전투 중에 부상당한 동료를 버리지 않고 구출해 준 이야기, 전투에서 패배하고 퇴각할 때 다른 장수들은 말을 타고 갔지만 할아버지는 늠름한 걸음걸이로 당당하게 걸으셨다는 이야기 등이 자세히 쓰여 있어요.

또 있니?

할아버지는 깊은 생각에 잠기면 이른 아침부터 다음 날 아침까지 한 자리에 그냥 서 있었다는 이야기도 쓰여 있어요. 저는 그 대목에서 감동했어요.

왜?

저는 공부할 때 책상에 앉아 있으면 온갖 잡생각이 떠올라서 오랫

동안 앉아 있을 수가 없거든요. 친구들과 폰으로 단톡도 해야 하고요. 그런데 할아버지는 앉은 것도 아니고 서서 밤을 지새우신 거잖아요. 정말 놀라운 집중력이라고 생각해요.

그래, 내가 뭔가를 생각하면 끝까지 물고 늘어지는 버릇이 있긴 있지. 하지만 성준이도 나에 대해서 무척이나 끈질기게 공부한 것 같은데^^

칭찬 감사합니다.

그런데 할아버지, 할아버지께서 말씀하신 "너 자신을 알라."는 무슨 뜻이에요?

응? 민주야, 그게 내가 한 말이라는 걸 누구한테 들었니? 또 플라톤이냐?

아니요, 그냥 사람들이 할아버지가 남긴 가장 유명한 말이라고 많이들 이야기해서요.

아, 그랬구나. 민주는 그 말에 대해서 어떻게 생각하니?

주제 파악을 잘하라는 이야기잖아요. 괜히 오버하지 말고 분수에 맞게 살아라. 뭐 이런 뜻 아닌가요?

하하하. 그것도 말이 되는구나.

헤헤헤.

하지만 "너 자신을 알라"gnothi seauton 그노티 세아우톤라는 격언은 내가 한 말이 아니라, 델포이의 아폴론 신전에 새겨져 있는 것이란다. 신전에 들어갈 때면 항상 그 격언을 신이 나에게 해 주는 말씀이라고 생각하며 가슴에 새겼지. 신 앞에서 인간의 지혜라는 것이 얼마나 보잘것없으며, 인간의 부귀영화가 얼마나 헛된 것인지를 절감하면서 말이야. 내가 그 격언을 늘 가슴에 새기며 살았기에 후세 사람들은 내가 한 말이라고 착각했나 보구나.

그래요?

민주도 남이 한 이야기를 그대로 믿을 것이 아니라, 그 말이 참말인지 거짓말인지 잘 생각해 보고, 밝혀 보고, 탐구해 본 다음에 받아들이는 게 좋겠구나.

네, 할아버지.

하지만 할아버지, 아폴론 신전에서 내린 신탁[2]은 할아버지의 운명을 바꿔 놓았잖아요?

성준이가 아폴론 신전의 신탁을 안단 말이니?

할아버지의 친구 카이레폰이 아폴론 신전에 가서 "소크라테스보다 지혜로운 사람이 있는가?"라고 묻자, 신전의 무녀가 "없다."고 답했다면서요.

그랬지. 그 친구가 그 이야기를 나에게 전해 주었지.

그때 기분이 어떠셨어요? 제가 그런 이야기를 들었다면 기분이 아주 째졌을 텐데^^

아주 놀랐단다. '도대체 신은 무슨 말씀을 하시려는 걸까? 나는 내가 지혜로운 사람이 아님을 알고 있는데, 내가 제일 지혜로운 사람이라니! 거짓말을 하실 리는 없는데……. 신은 거짓말을 하지는 않으시니까.' 속으로 생각하고 또 생각했지.

그래서요?

신의 말씀이 무슨 뜻인지 알기 위해 지혜로운 사람을 찾아 나

② **신탁**神託
신이 사람을 통해서 그의 뜻을 나타내거나 인간의 물음에 대답하는 일을 신탁이라고 한다. 아테네에서는 신전에 있는 신녀들에게 공적·사적인 여러 가지 문제를 묻고 답을 얻었다.

셨어.

왜요? 신의 말씀이니까 그냥 믿으면 되는 거 아닌가요?

아니야. 그것이 비록 신의 말씀일지라도 만약에 신의 말씀이 틀리다면 믿어서는 안 되지.

저 같으면 그냥 믿고 기분 좋게 살 것 같은데.

그렇게 믿고 살다가, 나중에 나보다 더 지혜로운 사람을 만나면 그것은 나에 대한 수치일 뿐만 아니라 신에게 무례를 저지르는 일이라고 생각했단다.

그래서 결국 지혜로운 사람을 찾으셨나요?

## 무지의 지, 가장 지혜로운 자

이야기하자면 길단다. 우선 나는 한 정치가를 찾아갔어. 그는 많은 사람들에게 지혜로운 사람이라고 알려져 있었고, 스스로도 그렇게 생각하고 있었지.

그 사람은 정말 지혜로웠나요?

아니, 전혀 지혜롭지 않았어. 그래서 나는 정치가에게 당신은 결코 지혜로운 사람이 아니라고 분명히 알려 줬지. 내 말을 들은 정치가뿐만 아니라 그 정치가 주변에 있는 많은 사람들이 나를 미워하게 되었어.

"혹 떼러 갔다가 혹 붙이고 온" 격이네요.

그 속담이 아주 적절하구나. 하지만 나는 지혜로운 사람 찾기를 멈추지 않았어. 위대하다는 시인도 찾아가고 수공 기술자도 찾아갔지.

그들 중에는 지혜로운 사람이 있었나요?

실망스럽게도 없었단다. 시인의 위대함은 지혜에서 나온 것이 아니라, 예언자나 점쟁이처럼 타고난 재능이나 신으로부터 받은 영감에서 나온 것이더구나. 재능이나 영감은 위대하기는 하지만 지혜로운 것은 아니야. 그리고 수공 기술자들도 자신의 전문 영역에서 기술적인 일을 잘 해냈지만 그것이 곧 지혜로운 것은 아니었지. 기술과 지혜는 다른 거니까.

결국 모두 실패한 거네요. 지혜로운 사람을 못 찾으셨으니까요.

그래 찾지 못했지. 그렇다고 내가 한 일이 실패라고 볼 수는 없어.

무슨 말씀이신지…….

나는 결국 신의 뜻을 알게 되었지.

신의 뜻이요?

그래 신의 뜻! 신은 이렇게 말씀하시고 싶었던 거야. "오오 인간들이여, 너희들 가운데 누구든지 가장 지혜로운 자는 소크라테스처럼 스스로 지혜에 있어서 사실은 보잘것없다는 것을 아는 자다."

그러니까 할아버지처럼 자신이 지혜롭지 못하다는 것을 깨달은 사람이 가장 지혜로운 사람이라는 말씀인 거예요?

신은 나에게 역설적인 지혜를 전달해 주신 거야. 그 이후 나는 이 지혜를 신의 명령으로 받아들이고, 나를 만나는 모든 사람들의 지혜를 점검해 주는 것을 평생의 일로 삼았단다.

그러니까 무식한 사람이 제일 똑똑한 사람이라는 말이네요. 그러면 우리 집에서는 내가 가장 똑똑한 사람이다. 만세!

민주는 꼭 잘 나가다가 삼천포로 빠지더라. 소크라테스님께서 설마 무식을 예찬하기 위해서 그러셨겠니?

아빠도 참, 그냥 웃기려고 한 이야기예요. 분위기가 너무 진지하게만 흐르는 것 같아서요.

허허허. 민주 아빠가 민주에게 한 방 먹었네요. 그래, 너무 우리끼리만 이야기한 것 같구나. 민주가 심심했나 보다.

심심한 건 아니고 뭔가 분위기를 바꾸고 싶어서요. 할아버지 말씀이 나름 유익하긴 했어요.

어떤 점이?

남들이 한 칭찬이라도 곧이곧대로 받아들이지 말고 잘 따져 봐야 한다는 점이요.

민주가 내가 전달하고픈 핵심을 정확히 파악했구나.

집에만 있으니까 답답해요. 날씨도 좋으니까 밖으로 나가서 놀면 안 돼요?

민주가 오래 참는다 했다. 소크라테스님, 밖으로 나가실까요? 혹시

가 보고 싶은 곳이라도 있으세요?

사람이 많은 곳, 활기차고 생명력이 넘치는 곳이라면 저는 어디라도 좋습니다.

그럼, 재래시장에 가 볼까요?

재래시장이요? 좋죠.

## 크산티페는 악처일까?

(북적북적한 재래시장을 구경하며)

이 재래시장은 매달 3일과 8일에만 장이 서요. 한국에서는 삼팔장이라고 하지요. 요즘은 대기업에서 운영하는 대형마트가 곳곳마다 들어서서 전통적인 재래시장은 점점 사라져 가고 있어요.

안타까운 일이군요.

생활의 편리함만 좇다 보니 단란하고 정겨운 시장 문화는 사라지고 있다고 봐야지요.

엄마, 닭꼬치 하나만 사 주세요.

저도요.

재래시장에 오면 물건이 싸고 인심도 좋아서 기분이 좋아져요. 그리고 이렇게 걸으면서 간단한 군것질을 하는 것도 재미있고요. 소크라테스님도 닭꼬치 하나 드세요.

그럴까요?(닭꼬치를 먹으며) 양념 소스가 매콤하면서도 달콤한 게 아주 맛있네요. 한국은 음식 문화가 아주 발달한 것 같습니다.

네, 한국에는 먹을거리가 다양해요. 지방마다 고유한 음식들도 많이 발달했고요. 산천과 바다에는 음식 재료 천지지요. 제가 얼마 전 시골에서 귀농단체에 들어가 농촌활동을 했는데, 가진 돈이 별로 없는데도 오히려 살기 편했어요. 산과 들에는 자연에서 나거나 사람이 키운 싱싱한 재료가 있고, 맛있는 게 있으면 이웃끼리 나눠 먹기도 하고요. 하지만 도시에서는 돈이 없으면 참 살기 힘들어요. 조금만 움직여도 돈이 드니까요.

갑자기 돈 이야기를 하니까 괜히 제 아내에게 미안해지네요.

어머, 죄송해요. 소크라테스님을 염두에 두고 한 말은 아니에요.

알고 있습니다. 하지만 돈 없이 살림을 꾸려 온 제 아내와 변변치 못하게 살아온 아이들을 생각하니…….

아내 분 성함이 크산티페죠? 아이들은…….

셋입니다. 모두 아들이고요.

아내 분께서 고생이 많으셨겠네요. 사실 크산티페가 악처라는 소문이 있거든요.

그게 다 이야기를 좋아하는 사람들이 지어낸 말이지요. 아내는 변변치 못한 집안에 시집와서 가난한 살림을 꾸리느라 아주 고생이 많았어요. 게다가 제가 했던 일은 돈을 버는 일이 아니어서 돈을 제대로 가져다준 적이 거의 없었어요. 그러다 보니 아내가 바가지를 긁고 욕을 해 댔지만 마음은 따뜻했어요. 제가 죽는 날까지 곁을 지켜 주었지요.

하지만 돌아가시는 날 아내와 아이들을 집으로 돌려보내셨다면서요. 임종도 지켜보지 못하게 말이에요. 그건 너무 야박한 처사였어요.

한국에서는 어떨지 모르지만, 당시 아테네에서는 자신이 죽는 날에 가족이 아닌 친구나 제자들과 함께 지내는 것이 관행이었어요. 그렇게 행동했더라도 제가 아내와 아이들을 미워했다고 보면 안 돼요. 오히려 저는 한순간도 아내와 아이들을 사랑하고 염려하지 않은 적이 없으니까요.

아, 그렇군요. 제가 주제넘게 이야기한 거라면 죄송해요.

괜찮습니다. 가족을 가난하게 만든 건 미안하지만, 부를 추구하느라 지혜를 버리는 일은 더욱 수치스러운 일이라고 생각했지요.

그런 점은 소크라테스님과 공자님이 같으신 것 같아요. 불의한 부를 참지 못하시는 거요. 이야기가 무거워졌네요. 배고프시죠? 재래시장에서 장을 본 걸로 집에 가서 맛있는 음식 해드릴게요.

## 지혜를 낳게 도와주는 법, 산파술

(집에 돌아와서 음식 준비를 끝낸 후)

준비 끝. 자, 식탁에 모이세요. 오늘 점심 메뉴는 미역국과 가정식 백반입니다.

이걸 형이 만들었다고?

미안, 요리는 엄마가 하고 나는 차리는 것만……. 미역국 끓이는 게 어렵더라고.

미역국이 요리야? 소크라테스님이 오셨으면 뭔가 근사한 걸 대접해야 하는 거 아니야?

난 좋기만 하구나. "배부른 돼지보다 배고픈 소크라테스가 되고 싶다." 서양철학자 밀③이 한 말이지 아마.

할아버지, 지금 절 놀리는 거죠? 치~이.

놀리긴. 내가 음식이 맛없다고 불평하는 친구에게 했던 말을 해 줄까?

뭔데요?

"식사를 어느 기간 동안 하지 말게. 그러면 다음에는 더욱 즐겁게, 더욱 값싸게, 더욱 건강하게 먹을 수 있지."

하하하. 맛없으면 굶으라는 소크라테스님의 말씀!

그런데 형, 도대체 미역국이 소크라테스 할아버지와 무슨 관련이 있어? 할아버지께서 즐겨 드시던 음식이야?

아니. 미역국은 우리나라 전통 음식이니까 소크라테스님은 처음 드시는 걸 거야.

처음 먹어 보는 음식인데 맛이 기가 막히는구나.

정확히 말하면, 이 음식은 할아

**③ 존 스튜어트 밀**
**(John Stuart Mill, 1806~1873년)**
19세기 영국의 철학자이자 경제학자. 벤담이 행복을 양적으로 측정하려는 양적 공리주의를 주장한 반면 밀은 행복을 질적으로 측정해야 한다는 질적 공리주의 사상을 발전시켰다. 자유주의와 사회민주주의 정치 사상의 발전에도 크게 기여했다. 저서로는 『자유론』『공리주의』 등이 있다.

버지의 어머니를 생각하며 만들었어요. 그죠, 엄마?

소크라테스님의 어머님께선 산파였다면서요? 한국에서는 아이를 낳은 엄마에게 미역국을 먹게 하거든요. 미역은 피를 맑게 하고, 연약해진 뼈를 보호하며, 모유가 잘 나오도록 하는 데 아주 큰 도움이 되는 음식 재료예요.

아하~ 그래서 미역국을 만들어 주신 거군요.

게다가 미역국은 콜레스테롤 수치를 낮춰 주고, 비만 방지에 도움이 돼요. 어떤 연구 발표에 따르면 암도 예방한다더군요. 특히 피를 맑게 해 주기 때문에 머리를 많이 쓰는 수험생에게는 더없이 좋은 음식이지요.

그러니까 미역국은 다이어트에 도움을 줄 뿐 아니라 머리를 총명하게 하는 음식이네요.

그런 셈이지요.

이건 저뿐만 아니라 공부를 열심히 해야 하는 성준이가 많이 먹어야겠네요.

근데요, 시험을 볼 때는 절대로 미역국을 먹어서는 안 돼요.

왜?

미끌미끌한 미역처럼 시험에서 쭉 미끄러진대요.

하하, 재미난 속설이구나.

그런데 할아버지가 말씀하신 '산파술'이 뭐예요?

산파술?

할아버지가 사람들을 가르치실 때 산파술을 사용했다는 이야기를 수업 시간에 들었거든요. 그런데 정확히 모르겠더라고요.

산파술은 말 그대로 '아이를 잘 낳도록 도와주는 기술'이란다. 요즘은 주로 병원에 가서 아이를 낳지만, 옛날에는 의료기관이 많지 않아서 아이를 많이 낳았거나 받아 본 경험이 있는 여인들이 아이 낳는 일을 도와주었지. 그 여인들을 산파라고 했어.

그럼, 할아버지도 산파를 하셨다는 말씀이세요?

나는 아이 대신에 지혜를 낳도록 도와주었어.

지혜를 낳는다고요? 누가요?

나와 이야기를 나누는 사람이지.

할아버지가 지혜를 가르쳐 준 것이 아니고요?

그럼. 지혜는 누구도 가르칠 수 없어. 나와 같은 시대에 활동했던 소피스트[4]들은 지혜를 마치 기술이나 상품처럼 여겼는데, 지혜는 가르치거나 사고팔 수 있는 것이 아니야. 자신의 마음속에 감춰진 것으로, 우리가 우리의 무지를 깨달으면서 점점 아이처럼 자라지.

그러면 할아버지는 마치 산파처럼 지혜라는 아이가 배 속에서 자라나 태어나는 것을 도와주는 역할을 했다는 말이군요?

④ **소피스트**sophist
지혜로운 사람이라는 뜻이다. 소피스트는 '직업적 교사'로 자임하면서 사람들에게 수사학과 변론술 등을 돈을 받고 가르쳤다. 소피스트는 현실주의자이자 상대주의자여서 진리는 변하며, 논쟁에서 이기는 것이 중요하다고 생각했다. 나중에 소피스트라는 말은 '궤변론자'라는 부정적인 의미로 바뀌었다.

그렇지. 그렇다면 그렇게 낳은 지혜는 내 것일까, 아니면 나와 대화를 나눈 사람의 것일까?

태어난 아이가 산모의 아이인 것처럼, 지혜 또한 대화를 나눈 사람의 것이겠지요.

맞아. 나는 그저 그 지혜가 태어나도록 도와주었을 뿐이야.

마치 산파처럼 말이지요. 아하, 그래서 산파술인 거구나.

## 앎을 발견하는 과정, 변증법

그러면 할아버지, '변증법'은 뭐예요?

아이를 낳으려면 배 속의 아이를 잘 키워야겠지?

그렇죠.

그렇다면 산모는 자신의 몸을 잘 보살펴야겠지?

당근이지요.

하하. 지혜를 낳는 것도 마찬가지야. 자신이 지혜롭다고 생각하는 사람은 그것이 과연 지혜로운지 아닌지 잘 따져 보아야 하지 않을까? 사람들은 자신이 알고 있는 것이 지혜로운지 아닌지 잘 따져 보지도 않고 무턱대고 믿는 경향이 있어. 변증법은 그러한 경향을 점검하는 방법이지.

무슨 말씀이신지 잘 모르겠어요.

쉽게 말해서 자신의 선입견이나 감정에 휘둘리지 않고, 자신이 판단한 것에 대해서 이성적으로 점검해 보는 방법이 변증법이야.

할아버지, 그래도 어려워요.

그럼 예를 들어 보자. 민주는 과자를 좋아하니?

네, 아주 좋아해요.

왜 좋아하지?

맛있으니까 좋아하지요.

그럼, 민주는 어떤 것이든지 맛있으면 다 먹을 수 있겠구나. 예를 들면 불량식품이라고 하더라도 맛만 좋으면 사 먹니?

그렇지는 않죠. 몸에 좋지 않으니까 당연히 사 먹지 말아야죠.

그렇다면 민주의 판단이 바뀐 거네. 처음에는 맛있어서 먹는다고 했다가 지금은 몸에 좋은 것을 먹어야 한다고 말이야.

어? 그렇게 됐네요.

우리의 지혜도 마찬가지 아닐까? 아무 생각 없이 자신의 생각이 옳다고 믿었다가, 그 믿음이 도전을 받으면서 점점 나은 상태로 변하는 것처럼 말이야.

아하!

이처럼 변증법은 자신이 알고 있는 것을 잘 따져서 이전에 알고 있었던 것이 결국 모르는 것이었다는 것을 깨닫는 과정, 그리고 더 나은 앎을 발견하는 과정을 말하는 거야.

그렇게 하다 보면 우리는 점점 지혜로워지겠네요.

그렇지. 지혜를 낳으려면 우리가 지혜롭지 않다는 것을 먼저 깨달아야 하는 거야.

넘어져야만 일어날 수 있다는 말씀?

멋있는 비유인데!

그러니까 할아버지는 변증법을 이용하여 남들이 지혜롭지 않음을 증명하고, 산파술을 통해서 점점 지혜가 자라서 태어날 수 있도록 하셨던 거군요.

그렇게 볼 수도 있겠구나.

만세! 이제야 산파술과 변증법이 뭔지 알 것 같아요. 감사합니다.

## 나는 아테네의 등에

하지만 소크라테스님, 그렇게 남들의 무지를 드러내다가 결국 그들에게 미움을 사서 재판까지 받게 되지 않았습니까?

그랬지요. 그러나 어쩔 수 없었어요.

어쩔 수 없었다니요?

제가 그런 일을 했던 것은 신의 명령이라고 믿었기 때문이지요. 아폴론 신전 신탁의 의미를 깨달은 후, 저는 젊은이와 늙은이, 외국인과 내국인 할 것 없이 누구하고도 대화를 나누었어요.

하지만 그 결과는 안 좋았잖아요. 사람들에게 모함을 받아 재판정에 서면서 결국 소크라테스님 자신을 해치는 결과를 낳았으니까요.

저를 해쳤다고요? 아니에요. "더 나은 사람이 더 못한 사람에게 해를 받는 것은 있을 수 없는 일이지요." 물론 저는 재판에 져서 사형당하고 말았어요. 하지만 그로 인해 손해를 본 것은 제가 아니라 바로 아테네 사람들이에요. 그들은 저를 해침으로써 신이 아테네 사람들에게 준 선물을 없애는 잘못을 범하게 된 것이니까요. 제가 죽고 나서는 저 같은 선물을 더는 쉽사리 받을 수 없게 되었어요. 그렇다면 누가 더 손해를 본 것일까요? 저일까요, 아니면 아테네 사람들일까요?

소크라테스님 말씀을 듣고 나니 제 말을 취소해야겠네요.

저는 신이 아테네라는 말에게 보낸 등에[5] 와 같은 존재예요.

등에요?

아테네라는 도시는 몸집과 혈통은 좋지만 큰 몸집 때문에 좀 둔한 말에 비유할 수 있어요. 그래서 이 말을 깨어 있게 하려면 등에가 필요한 거예요. 저는 마치 등에처럼 아테네라는 도시에 달라붙어 사람들을 깨우는 일을 하루도 그치지 않았지요.

그러니까 소크라테스님은 아테네 시민의 영혼을 깨우는 존재라는 말씀이시군요.

그렇죠. 인간의 육체는 잠이 들어야 건강을 유지할 수 있지만 인간의 영혼은 늘 깨어 있어야 해요. 영혼마저 잠들어 버린다면 죽은 목숨이나 마찬가지예요.

하지만 자고 있는데 모기가 물면 화나서 모기를 잡아야 성이 풀리는 것처럼, 결국 등에는 죽을 운명이잖아요.

사람들은 자신의 영혼이 깨어나는 것과 자신의 무지가 드러나는 것을 몹시 싫어했어요. 그래서 저를 젊은이들을 타락시키고 신을 모독했다는 죄로 기소해 재판을 받게 만든 겁니다.

'신의 아들'이라는 별명을 얻었던 예수가 종교권력에게 미움을 받다가 결국 신성모독죄로 사형당한 것과 마찬가지이군요.

그런데 할아버지, 제가 『소크라테스의 변론』[6]을 찬찬히 읽어 보았는데요. 할아버지가 사형당한 이유는, 물론 이전에 많은 사람들을 불쾌하게 한 것도 있지만 재판정에서 할아버지가 보여 주었던 불손한 언행에 있기도 하던데요.

그건 또 무슨 이야기야?

보통 재판정에서는 피고가 자신에게 유리한 판결이 나오도록 가족을 동원해 동정심을 유발하거나, 자신의 잘못을 뉘우치는 모습을 보여서 재판관들의 마음을 흔들어야 하거든.

그런데?

할아버지는 결코 그런 모습을 보이지 않으셨어.

성준아, 재판정에서 동정심을 유발하는 행동을 하는 사람들은 자신의 잘못을 알면서도 그 잘못에 해당하는 벌보다 더 약

**⑤ 등에**
등엣과의 곤충으로 파리와 비슷한데 탈피를 한다. 몸빛은 황갈색에 날개는 투명하고 가슴 · 배에는 털이 있다. 동물의 피를 빨아 먹는다.

**⑥ 『소크라테스의 변론』**
플라톤이 쓴 『대화편』의 하나로 소크라테스가 재판 받는 과정을 상세하게 기록한 책이다.

한 벌을 받기 위해 그런 거란다. 하지만 나는 내 행동에 잘못이 없다고 생각했으니까 정정당당하게 입장을 밝히는 것이 더 낫다고 생각했어. 게다가 동정심을 유발하는 것은 공정하게 치러야 할 재판을 오히려 모독하는 행위란다. 불쌍해 보인다고 형량이 줄어들고 괘씸하다고 형량이 늘어난다면, 재판을 감정에 따라 집행하는 것이지 공정한 법률과 이성에 따라 집행하는 것이 아니야.

그건 할아버지 말씀이 옳은 것 같네.

하지만 할아버지는 1차 재판에서 유죄 판결이 난 후에 형량을 결정하는 2차 재판에서도 터무니없는 걸 요구하셨어요.[7]

아, 성준이가 '프뤼타네이온의 향응'에 대해서 말하는 거구나.

네, 너무하셨어요.

할아버지, 프뤼타네이온의 향응이 뭐예요? 말이 너무 어려워요.

프뤼타네이온이라는 국가 건물에서 외국 사절이나 국가 공로자, 올림픽 우승자 등에게 베푸는 잔치를 말하는 거란다.

그럼 할아버지는 유죄 판결을 받고 오히려 사람들에게 잔치를 베풀어 달라고 하셨다는 거예요? 왜요?

나는 내가 한 일이 운동선수가 올림픽에서 우승한 일보다 더

**⑦ 소크라테스의 재판**
고대 아테네에서는 두 차례에 걸쳐 재판을 진행했다. 첫 번째 재판은 유죄와 무죄를 가르는 재판이고, 두 번째 재판은 형량을 정하는 재판이었다. 소크라테스는 1차 재판 결과 유죄 280표, 무죄 220표로 유죄 판결을 받았다. 그리고 2차 재판에서는 사형에 찬성하는 표가 360표가 나와 결국 사형이 확정되었다. 유죄 판결을 받았음에도 유죄를 인정하지 않고, 오히려 자신에게 상을 주어야 한다고 주장했던 소크라테스의 변론이 한몫한 셈이었다.

욱 아테네 사람들을 기쁘게 만들었다고 생각했지. 올림픽 우승자는 고작 사람들의 눈을 즐겁게 만들어 준 것뿐이지만, 나는 사람들의 영혼을 즐겁게 만들었으니까 말이야. 게다가 나는 돈을 한 푼도 받지 않고 일했단다. 그러니까 아테네에서 한 번쯤은 나의 공로를 인정하고 잔치를 베풀어 주어야 하지 않았을까?

아니, 학원에서 배울 때에도 돈을 내고 배우는데, 할아버지는 평생을 가르치셨으면서 한 푼도 받지 않았다는 게 말이 돼요?

말이 되지. 나는 가르친 것이 없으니까 받을 것도 없단다.

평생을 가르치시면서 살았는데 가르치신 게 없다니요. 모순되잖아요.

민주가 벌써 까먹었구나. 내가 지혜에 대해 이야기할 때 사람들과 대화한 방법이 뭐라고 했지?

산파술이요.

그 산파술의 결과로 낳은 지혜가 내 것이라고 했던가?

아니요, 할아버지와 대화한 사람 것이라고 했어요.

그렇다면 나는 내 것도 아닌 것을 내 것이라고 우길 수는 없지 않겠니? 나는 상대방에게 내 것을 하나도 주지 않았는데 어떻게 돈을 달라고 할 수 있겠니.

오~ 희한하게 말이 되네.

그래서 말인데, 오늘 저녁에 우리가 소크라테스님의 소원을 들어 드리면 어떨까?

그렇다면 설마?

오늘 저녁은 근사한 뷔페에 가서 식사하는 거야.

아빠 지갑이 가벼워지겠는걸. 히히.

아니, 그렇게까지 하지 않으셔도 됩니다. 오늘 별로 한 일도 없는데.

하하, 소크라테스님을 핑계 삼아 잔치 한번 하려고요. 그리고 부담 갖지 마세요. 남편과 의논해 며칠 전에 이미 뷔페 식당을 예약했거든요.

그럼 가실까요?

그럴까요?

오케이, 렛츠 고!

형은 심각하다가도 먹는 이야기만 나오면 금세 밝아진다니까.

하하하.

(뷔페 음식을 식탁에 근사하게 차려 놓고 식사하며)

프뤼타네이온의 향응보다 더욱 즐거운 시간입니다.

집에서 직접 대접해드리는 것이 아니라서 송구하네요.

아닙니다. 아주 근사한 식사입니다.

그런데 음식이 맛없는지 별로 안 드시네요.

음식이 맛없어서가 아니라 음식을 탐닉하면 위와 두뇌와 혼이 망가지기 때문에 절제하는 거지요.

어머, 그러면 소크라테스님은 소식가군요. 재판정에서까지 향응을 원했다기에 먹는 것을 아주 즐기시는 줄 알았어요.

하하하, 그러셨군요. 많이 먹는 것보다는 같이 먹는 걸 좋아하고, 먹는 것보다는 대화 나누는 것을 더욱 좋아한답니다.

(음식을 우물거리며) 할아버지는 덩치가 크고 배도 나와서 저처럼 먹는 걸 좋아하시는 줄 알았는데요.

성준이는 호메로스가 쓴 『오디세이아』[⑧]를 읽어 봤니?

아직이요.

전쟁 영웅 오디세우스가 부하들과 함께 귀향길에 올랐는데, 귀향 도중에 한 섬에 들르게 되지. 그 섬에는 마녀 키르케가 살고 있었어. 그런데 키르케는 맛있는 음식으로 사람들을 유혹한 후 많이 먹는 사람을 돼지로 만들어 버렸어. 이를 지켜보던 전령의 신 헤르메스가 키르케의 술책을 오디세우스에게 알려줘서 음식을 적당히 먹도록 했지. 음식을 배부르게 먹은 부하들은 모두 돼지로 변했지만, 적당히 먹은 오디세우스는 돼지로 변하지 않았어. 그래서 마녀 키르케를 물리치

⑧ **『오디세이아』**Odyssey
고대 그리스의 영웅서사시로서 호메로스가 쓴 것으로 알려져 있다. 트로이 전쟁 영웅 오디세우스가 전쟁에서 승리한 후 10년에 걸친 귀향 모험담이다.

고 돼지로 변한 부하들도 모두 구해 낼 수 있었단다. 자, 여기서 문제! 이 이야기의 교훈은 뭘까?

제가 많이 먹어서 돼지가 되더라도 적당히 드신 할아버지가 저를 다시 사람으로 만들 것이다?

허허허, 이놈이 농담은~

절제하라는 말씀이지요?

그래. 먹을 때는 적절하게 먹는 것이 가장 맛있게 먹는 법이지. 목이 말라야 물이 달고, 배가 고파야 음식이 맛있듯이 육체의 쾌락은 절제해야 하는 것이란다.

그러니까 소크라테스님은 당시에도 다이어트의 비결을 아셨던 셈이네요.

그런가요? 하하하.

그러면 할아버지, 공부도 절제하며 해야겠네요?

민주는 궤변으로 할아버지를 놀리는구나.

그냥 재밌으라고 한 소리예요.

그래, 나도 안다. 이 세상에서 가장 중요한 것은 "육체에 마음을 쓰는 것이 아니라 자신의 영혼을 돌보는 거야." 그보다 중요한 것은 없지. 그리고 음식 맛을 음미하는 것도 중요하지만, 너의 삶을 음미해 보렴. "음미하지 않는 삶은 살 가치가 없으니까."

삶을 음미하라고요? 삶에도 맛이 있나요?

삶을 음미하라는 말은 짠맛이나 단맛을 보라는 것이 아니라, 삶의 의미를 깊이 생각하고 자신의 삶이 제대로 된 삶인지 반성해 보라는 거야.

알겠습니다. 헤헤헤.

## 악법도 법이다?

(집에 돌아와서)

이렇게 적게 드실 줄 알았다면 차라리 집에서 먹을 걸 그랬어요. 괜히 사람들 많은 곳에서 정신만 산란하게 해드린 건 아닌가 싶네요.

아니에요. 아주 즐거웠어요. 덕분에 유익한 대화도 많이 나눴잖아요.

그렇게 말씀해 주시니 고맙습니다. 후식으로는 과일을 준비했어요.

여보, 포도주도 가져와요. 저녁 때 간단히 포도주 한잔하는 것도 괜찮으시죠?

네, 좋지요.

가시기 전에 꼭 여쭤 보고 싶은 질문이 있어요.

무슨 질문이니?

할아버지가 "악법도 법이다."라는 말을 하셨다고 해서 책을 뒤져 봤는데 찾을 수 없더라고요. 그런 말씀을 하신 적이 있나요?

그래? 성준이는 악법에 대해서 어떻게 생각하는데?

정의롭지 못한 법은 법이 아니라고 생각해요. 그런 법을 고치는 것이 민주주의지요.

그렇구나. 그렇다면 네가 동의한 법에 대해서는 어떻게 생각하니?

만약에 제가 동의한 법이라면 그 법을 지키기 위해서 노력해야죠.

나와 생각이 같구나. 나는 아테네의 법이 악법이라고 생각하지 않았어. 그리고 만약 내가 아테네의 법이 잘못되었다고 생각했다면 언제든지 이야기하고, 마음에 들지 않는다면 아테네를 떠날 자유가 있었단다.

그렇지만 할아버지는 아테네를 떠나지 않았잖아요?

그랬지. 아테네는 나에게 부모 같은 곳이니까. 너희는 부모님이 잘못한 일이 있다고 부모님을 버리고 떠나지는 않겠지? 힘껏 부모님을 모시고, 잘못을 깨달을 때까지 이야기하고 또 이야기하는 것이 바른 자세가 아닐까?

그건 그렇지요.

그래서 나는 아테네 재판정에서 아테네의 법에 근거해 내 생각을 숨김없이 말했고, 그 결과로 주어진 사형선고를 받아들인 거야. 그런데 사형 집행일이 다가오고 나서야 판결이 마음에 들지 않는다는 이유로 아테네를 떠나 도망간다면 부끄러운 일이 아니겠니?

그렇지요. 어쨌든 할아버지는 "악법도 법이다."라고 말씀하시지 않았네요.

그래, 나는 그렇게 말한 적이 없어. 대신 이렇게 말한 적은 있지.

"사람들은 악에는 악으로 갚아야 한다고 말하지만, 우리는 어떠한 경우라도 악을 악으로 갚아서는 안 된다."라고. 그리고 이렇게도 말했지. "사람은 그저 사는 게 중요한 것이 아니라 잘 사는 것이 중요하다."라고 말이야.

그런데 왜 사람들은 할아버지가 "악법도 법이다."라고 말했다고 했을까요?

그건 아마도 권력자들이 자신들이 만들어 놓은 악법을 옹호하기 위해서 나를 억지로 끌어다 붙인 것 같구나. 그런데 사람들은 이를 잘 따져 보지도 않고 그냥 믿고 있었던 거야.

묻지도 따지지도 않고 그냥!

우리 민주는 텔레비전을 너무 많이 본 것 같구나. 광고 문구가 저절로 나오네.

민주 장난이 하루 이틀인가요 뭐. 어쨌든 사람들이 하는 말을 무조건 믿지 말고, 잘 따져 보고 살펴본 뒤 판단해야겠네요. 괜히 할아버지를 오해했어요.

오해가 풀렸다니 다행이구나.

## 죽음은 또 다른 삶

소크라테스님, 저는 이 나이가 되도록 죽음이 두려운데 소크라테스님은 죽음을 조금도 두려워하지 않으시는 것 같아요.

저는 진리를 탐구하는 사람입니다.

그것과 죽음이 무슨 상관이지요?

진리를 탐구하는 사람은 육체의 일시적인 쾌락을 추구하지 않고 영혼의 영원한 깨달음을 추구하지요. 그렇다면 진리를 탐구하는 사람은 영혼이 육체에서 분리되고 해방되는 것을 두려워해야 할까요, 아니면 기뻐해야 할까요?

소크라테스님의 말에 따르면 기뻐해야겠네요.

그래요. 우리는 육체에서 영혼이 분리되는 것을 죽음이라고 말하지요. 그렇다면 이렇게 말할 수도 있겠네요. "진정한 철학자는 늘 죽는 일에 마음을 쓰므로, 모든 사람 중에서 죽음을 가장 덜 무서워하는 자"라고요.

하지만 막상 죽음이 다가오면 공포심이 커지는 것은 어쩔 수 없지 않나요?

그것은 육체를 보존하고 싶은 욕망이 크기 때문에 영혼을 육체에 가둬 놓으려고 하는 거예요. 그러면 영혼이 타락하게 되지요.

영혼이 타락한다고요?

네, 그런 타락한 영혼들은 영원하고 순수한 지혜에 도달하지 못하고 배회하면서 결국은 다른 육체에 갇히고 말아요. 그리고 전생에 가졌던 여러 나쁜 습관에 매이게 되지요.

불교의 윤회설과 비슷한 말씀을 하시네요.

그런가요? 나쁜 습관에 매이게 되면 영혼을 보살피지 않고 육체의 욕망과 쾌락을 추구하며 많이 먹고, 많이 마시면서 나쁜 습관에서 벗어나려고 하지 않지요. 그래서 심지어는 돼지나 당나귀로 태어나기도 해요.

그렇다면 소크라테스님은 그러한 상태에 빠지지 않도록 노력하셨다는 말씀이신가요?

네, 순수하고 깨끗한 영혼을 만들기 위해서 부단히 노력해 왔어요. 그것은 죽음을 통해서 완성돼요. 그런 점에서 철학은 육체에서 영혼이 완전히 벗어나는 연습이라고 할 수 있고, 다른 말로 하면 "철학은 죽음의 연습"이라고도 할 수 있어요.

철학이 죽음의 연습이라고요?

그래요. 영혼이 그릇된 길로 들어서는 것을 막고, 불변하는 것과 사귀게 하는 거예요.

그렇다면 소크라테스님은 사후 세계를 믿으시는 거군요.

그럼요. 순수한 영혼들이 모여 영원히 즐겁게 살아가는 세계를 믿어요. 그 세계에서는 제가 평소에 만나고 싶었던 위대한 영혼들과 만나 궁금했던 것들을 마음껏 물을 수 있고 서로 대화도 나눌 수 있으니 얼마나 즐겁겠어요.

하지만 그러한 세계를 믿지 않는 사람들은요?

그런 사람과 나, 누가 더 좋을지는 신만이 아시겠지요.

여보, 시간도 다 되어 가는데 당신 혼자 너무 많이 이야기하는 거 아니에요?

어이쿠, 내가 그랬나? 이거 모두에게 미안한데. 대화가 너무 재미있어서 시간 가는 줄 몰랐네.

소크라테스님, 가시기 전에 아이들에게 한 말씀 해 주세요.

그럴까요? 제가 죽기 전에 동료들에게 자식들을 맡기며 당부한 이야기[⑨]를 아이들에게 들려주면 좋겠네요. 너희들은 괜찮겠니?

네, 할아버지.

성준아, 민주야. 다른 것에 머리를 쓰려고 하지 말고 참다운 사람이 되기 위해 노력하거라. 그리고 아무것도 아니면서 잘난 체하지 말고, 진정으로 마음을 써야 할 곳에 마음을 쓰거라. 그게 내가 떠날 때, 너희들이 나에게 해 줄 수 있는 옳은 대접이란다.

할아버지 말씀 꼭 기억할게요.

안녕히 돌아가세요, 할아버지.

그래, 이제 안녕해야겠구나. 좋은 대접 감사했습니다.

저희들이 오히려 감사드려야죠. 누추한 집에 방문해 주셔서 정말 감사합니다.

**⑨ 소크라테스의 유언**

"저는 여러분에게 한 가지를 부탁합니다. 여러분, 제 자식들이 장성하여 어른이 되거든, 제가 여러분을 괴롭힌 것과 같은 일로 저들을 괴롭혀서 복수해 주세요. 즉, 저들이 덕보다도 돈이나 그밖의 다른 것에 먼저 머리를 쓴다고 생각되거든, 또 아무것도 아닌데 무엇이 되기라도 한 것처럼 생각하거든, 제가 여러분에게 한 것처럼 마음을 써야 할 일은 마음을 쓰지 않고, 아무것도 아니면서 잘난 줄 알고 있다고 꾸짖어 주세요. 여러분이 그렇게 해 주시면 저 자신이나 제 자식들은 여러분에게 옳은 대접을 받는 것이 되겠습니다. 그러나 이미 시간이 다 되어 떠날 때가 되었습니다. 저는 죽기 위하여, 여러분은 살기 위하여. 그러나 우리 중 어느 쪽이 더 좋은 곳으로 가는지 신만이 알 것입니다."

오늘로 벌써 세 분째 다녀가셨구나. 너희들은 어땠니?

뷔페에 가서 좋았어요^^

어허, 진지 모드로 전환!

진지 모드로 전환, 진지 모드로 전환! 뷔페에서 삶에 양식이 되는 말을 많이 들어서 좋았어요.

아빠, 제가 먼저 이야기해도 돼요?

그럼^^

저는 시장에 가서 먹었던 닭꼬치가 좋았고요.

민주, 너까지!

엄만~ 제 이야기를 끝까지 들어 보세요. 소크라테스 할아버지가 신탁을 받은 후에 다른 여러 사람을 찾아가 이야기 나눴다는 게 재밌었어요.

지혜로운 사람을 찾아 나선 이야기?

신이 한 이야기더라도 그냥 무조건 믿지 않고 그것을 증명하기 위해서 굉장히 노력하셨잖아요. 남들의 미움을 사면서까지 말이에요. 그게 보통 끈기가 아니거든요. 만약에 제가 그렇게 했다면 우리 학교 전체 학생들에게 왕따당했을 거예요. 그렇지만 조금도 흔들림 없이 할아버지의 길을 가셨잖아요. 배우고 싶어요.

우리 민주가 대단한걸.

저는 할아버지와 관련된 명언들이 모두 가짜라는 게 놀라웠어요. 할아버지를 직접 만나지 않았더라면 결코 알지 못했겠지요? 그래서 앞으로는 남들이 하는 이야기를 무조건 믿지 않으려고요. 캐묻고 따져서 제가 받아들일 수 있을 때까지 말이에요.

나는 소크라테스님이 아내에게 못된 남편이고, 크산티페 역시 못된 아내인 줄 알았는데, 그게 오해였다는 것을 알게 되어서 좋았어요. 그리고 소크라테스님의 식습관도 아주 마음에 들었고요. 성준이나 아빠가 좀 각성해야 할 텐데.

나는 소크라테스님이 죽음에 당당하셨던 것이 참으로 부러워요. 소크라테스님의 말씀이 지금도 귀에 쟁쟁한데, 앞으로 이에 대해서 많이 생각해 봐야겠어요.

그렇다고 우리를 버리고 먼저 떠나시면 아니 되옵니다.

알았다, 이놈들아. 이제 자자.

네. 엄마 아빠, 안녕히 주무세요.

그래, 너희도 잘 자렴.

소크라테스와
그리스철학의
절정
그리스·로마 신화는 누구나 잘 알고 있지.
사실 신화는 세계에 대한 다양한 질문들을 신을 통해 대답하려는 마음에서 생겨났어.
신이시여, 답을 주소서.
예를 들어,
세계는 어떻게 만들어졌을까?
카오스와 에로스가 세계를 만들었어.
신학
세상 만물은 물로 이루어졌는데, 이 물이 변화하여 세계가 된 거야.
철학
너무도 큰 차이지?
카오스, 에로스
물
철학은 자신의 대답에 신을 개입시키지 않지.
철학
신
서양철학은 자연철학에서 시작됐어.
서양철학
자연철학
만물의 근원을 물이라고 생각했던 탈레스가 대표적 철학자야.
만물은 물에서……

소크라테스가 태어난 아테네는 도시국가야.
아테네의 전성기는 페르시아 전쟁에서 승리한 이후였어. 당시 가장 부유한 도시국가였고,
오~!!
신상이 라고.
부럽 지?
다른 도시국가에 막강한 영향력을 행사했어.
아테네
그래서 아테네를 중심으로 정치와 문화가 꽃을 피웠어.
정치
문화
아테네로 수많은 사람들이 몰려드는 것은 당연한 현상이었지.
아테네
민주주의국가였던 아테네에서는 상대방을 설득하고, 자신의 입장을 주장하는 변론술과 웅변술이 필요했어.
설득
그래서 아테네의 젊은이들에게 이러한 기술을 돈을 받고 가르쳐 주는 다양한 현자들이 등장했는데,
설득의 기술
수강료 할인 50%
외국에서 온 이 현자들을 소피스트라고 불렀어.
'지혜로운 사람'이 라는 뜻이지.
소피스트
소피스트 중 가장 유명한 사람은 프로타고라스야.
인간은 만물의 척도다.
소피스트들은 진리의 상대성을 주장했어.
절대적 진리는 없어.

이들은 아테네 민주주의를 꽃피우는 데 크게 기여했지만,
정신적 혼란을 가져오기도 했지.
절대적 진리는 없는 걸까?
소크라테스는 바로 이러한 소피스트들의 상대주의에 반대하고, 절대적인 진리와 선을 추구했어.
소피스트 이론 반대
절대적 진리와 선 추구
"나는 아무것도 모른다.", "음미하지 않는 삶은 살 가치가 없다."는 말로 유명한 소크라테스는
아테네 시민들에게 참다운 지식을 얻고 인간다운 삶을 살기 위해서는 끊임없이 자신의 앎을 성찰하고 삶을 반성해 보라고 이야기했지.
앎에 대한 성찰!
그리고 상대방에게 답을 알려 주는 설교의 방식이 아니라,
답: ooo
상대방에게 끊임없이 질문을 던져 무지를 깨닫게 했어.
그래서? 왜? 그러면
어떻게 되는데?
왜 그렇게 됐지?
why
why
왜?
변증법, 산파술이라고 해.
소크라테스는 아테네의 정신적·윤리적 타락을 막고 싶어서 만나는 사람마다 대화를 나눴어.
그리고 많은 친구와 제자를 얻게 되었지.
하지만 소크라테스의 태도에 모욕당하고 수치심을 느낀 사람들이 그를 거짓으로 모함해 재판에 넘겼고, 결국 사형선고를 받아 독약을 먹고 죽게 돼.

본래 정치가가 꿈이었던
소크라테스의 제자 플라톤은
스승을 죽인 정치에 혐오를 느끼고,
12년간 아테네를 떠나 이집트와 지중
해 지역을 여행하고 돌아와
이집트
아카데메이아를 차리고
학문 연구에 전념했어.
아카데메이아
플라톤은 다양한 책을 썼는데, 그중 『대화편』은
주인공인 소크라테스가 사람들과 대화하는
형식으로 쓰였어.
대화편
THE
DIALOGUES
플라톤 지음
우리는 소크라테스의 생각을 플라톤의 책을
통해서 파악할 수 있지.
내가 주인공.
나는 그림자 역할만.
하지만 어디까지가 소크라테스의 생각이고,
플라톤의 생각인지 알 수는 없어.
누구 생각?
플라톤은 소크라테스를 좇아 진리와 정의를
탐구하는 것을 철학적 사명이라 생각했어.
선생님께 충성을 다하겠습니다.
소크라테스
플라톤에 의하면, 이 세상은 감각을 통해서
파악할 수밖에 없는 현상계인데 이것은
진짜가 아니야.
늘 변하잖아.
철학자는 늘 이렇게 변하는 세계가 아니라 불변
하는 세계를 탐구해야 한다고 생각했지.
이데아계

그리고 이상적인 세계는 결코 감각으로 파악할 수 없고, 이성을 통해서만 파악할 수 있다고 보았어.
이성의 눈
플라톤은 철학자야말로 이성을 통해 이데아를 파악할 수 있다고 본 거야.
이데아
이데아
철학자
그리고 철학자가 나라를 다스리는 것이 바람직하다고 생각했지.
철인 정치.
철학자
정치
즉, 철학자의 나라가 플라톤이 생각한 이상적 나라였어.
이렇게 이데아계와 현상계를 이원론적으로 파악한 플라톤의 사고방식은
이데아계
현상계
이후 서양철학사에 가장 큰 영향력을 행사했지.
플라톤
서양철학
중세시대에는 하느님이 지배하는 하늘세계와 죄인들이 살고 있는 지상세계를 설명하는 원리로 플라톤 철학이 유행했고,
현세의 고통은 내세의 영광!
AMEN!!
근대에도 이성과 감성, 정신과 육체를 구분하여 이성철학을 세웠던 데카르트의 사고방식에 큰 영향을 미쳤어.
나의 우상 플라톤.

현대 서양철학자 화이트헤드는 플라톤 철학이 서양철학에 큰 영향을 미쳤음을 강조했어.
서양철학은 플라톤 철학의 각주에 불과해.
플라톤 철학
서양철학
플라톤이 이상세계인 이데아계를 추구하고 현실세계인 현상계를 혐오했다면,
이데아계
현상계
그의 제자 아리스토텔레스는 이상세계가 현실세계와 동떨어져 있는 것이 아니라 현실세계에 있다고 보았지.
둘이 아니라 하나.
이상세계
현실세계
소크라테스와 플라톤은 영혼과 육체를 분리하여 생각했지만,
영
육
아리스토텔레스는 영혼과 육체는 나눌 수 없는 관계이며
육
영
생명의 원리에 따라 하나로 작용한다고 생각했어.
떼려야 뗄 수 없는 관계지.
이러한 차이는 플라톤이 불변하는 원리를 추구하는 수학에 관심을 가진 반면,
수학
아리스토텔레스는 변화하는 역사와 생물학에 관심을 가진 것과 관련 있지.
생물학
역사

아리스토텔레스는 중세 사상, 특히 수도원 중심의 스콜라철학에 깊은 영향을 주었어.
필독서
아리스토텔레스
스콜라 철학
그리고 서양의 근대 르네상스 운동에도 큰 영향을 미친 사상의 거장이었지.
RENAISSANCE
플라톤과 아리스토텔레스가 소크라테스의 생각을 계승했다면,
사상적 계승.
디오게네스는 소크라테스의 삶을 계승한 사람이라고 볼 수 있어.
삶
디오게네스는 철저히 무소유로 살아간 철학자야.
선배님.
통 속에서 살았어.
어느 날 알렉산드로스가 디오게네스를 찾아왔어.
나는 알렉산드로스 대왕이다.
나는 개요.
나는 네가 필요한 것은 무엇이든지 들어줄 수 있다.
옆으로 비켜 주시오. 태양이 가려지지 않도록.
디오게네스는 키니코스학파(견유학파)의 유명한 철학자야.
그리스어로 키니코스는 '개'라는 뜻이야.

그러니까 디오게네스가 추구하는 삶은 세상의 물질적인 속박에서 벗어나 떠돌이 개처럼 자유롭게 살아가는 것이었지.
자유야말로 최상의 행복의 조건.
그의 자족정신은 이후로 많은 사람에게 영감을 주었어.
나도 디오게네스의 자족정신을 계승했지.
그리고 세상의 유혹에서 벗어나 자족적인 삶을 살아가려고 노력하는 사람들 역시 디오게네스의 후손이라 할 수 있어.
자급자족 해야지.
천지인, 하늘과 땅과 사람.
天·地·人
소크라테스의 '하늘'을 계승한 플라톤,
天
'땅'을 계승한 아리스토텔레스,
地
그리고 소크라테스의 '사람'을 계승한 디오게네스.
人
소크라테스의 철학은 이처럼 여러 사상에 영향을 주며 오늘날까지 이어지고 있지.
나의 철학에 대해 이해가 좀 되지?

예수

# 사람들의 몸과 마음을 치료하는
# '예수 길거리 진료소'

4

# 음식과 관련이 많은 예수님

**아침** 예수님이 보리떡 다섯 개로 베푼 기적에서 힌트를 얻은 음식

무지개떡 귀한 잔치 때에 만들었던 떡으로, 곱게 빻은 쌀가루에 온갖 색깔의 천연색소를 물들여 찐다.

꿀물 꿀을 탄 물. 피로 회복과 면역 강화에 좋다.

**점심** 예수님이 물고기 두 마리로 베푼 기적에서 힌트를 얻은 음식

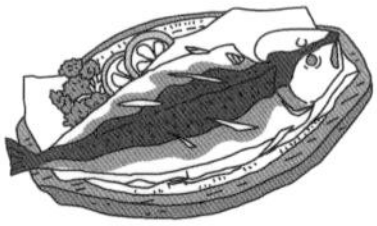

고갈비 백반 고갈비는 고등어에 매콤 달콤한 양념을 발라 구운 음식이다. 대표적인 서민 음식이기도 하다.

**저녁** 고통받던 이스라엘 민중들과 공동체를 꾸려서 잔치를 즐겼던 예수님이 제안한 음식

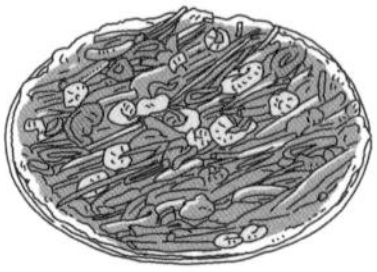

파전 밀가루 반죽에 파와 오징어, 새우 등의 해물을 얹어 부친 전의 종류이다.

## 예수님 오시는 날

오늘 오시는 예수님이 마지막이네. 그동안 다들 어땠어?

오실 때마다 매번 엄청 흥분됐어요. 이렇게 가까이서 성인을 볼 수 있는 기회가 언제 또 있겠어요.

나는 어떤 음식이 나올지 매번 궁금하던데…….

우리 식신황제께서는 제사보다는 젯밥에 마음이 있군요.

아빠, 오늘 메뉴는 뭐예요?

비밀! 그나저나 예수님 오실 시간이 지났는데…….

## 노숙인 예수

(딩동딩동)

예수님 오셨나 보다. 민주야, 문 열어드리렴.

네. (렌즈로 문 밖을 보며) 아빠! 예수님이 좀 이상해요.

뭐가?

예수님은 없고 노숙인 같은 아저씨가 서 있어요.

설마……. 내가 나가 보마. (문을 열며) 아이고 예수님, 어서 들어오세요.

하하하. 내 차림이 좀 이상한가요?

예수님이세요?

사람들이 나를 예수라고 부르긴 하더구나.

그런데 생김새와 차림새가 왜 그래요? 제가 아는 예수님은 피부가 하얗고 파란 눈에 머리는 길고, 통옷을 걸친 분이었는데요.

지금 내 모습을 보니까 예수가 아닌 것 같지? 네가 상상하거나 그림으로 본 예수는 서양 사람들의 시선에서 본 예수[1] 같은데.

생김새는 그렇다 치더라도 차림새도 이상해요.

민주야, 손님을 초대해 놓고 그렇게 말하는 건 좀 지나치구나.

괜찮습니다. "하늘나라는 어린이와 같지 않으면 들어갈 수 없다."고 말한 것은 하늘나라에 민주와 같은 천진무구함이 필요하기 때문이죠. 그래, 민주야. 내 차림새가 좀 그렇지? 한국에서는 이런 차림을 노숙인 패션이라고 하더구나.

죄송해요. 교회에 걸려 있는 예수님 그림과는 많이 달라서요.

역사적으로 내 모습은 늘 변해 왔지. 때로는 날씬하게, 때로는 신체 건강하게, 심지어 흑인으로 표현되기도 했단다. 아, 한국의 운보 김기창 화백[2] 은 나를 조선의 선비로 그렸더구나. 모두 당대의 시대정신을 반영한 그림이니 뭐라 할 수는 없지만, 나는 이 노숙인 패션이 마음에 든단다. 실제로 나는 집 없이 떠도는 노숙인이었거든^^

정말이요? 예수님을 따르던 사람들도 많았는데, 예수님에게 집 한 채도 장만해 주지 않았다는 건가요? 교회에서는 목사님들에게 집도 얻어 주는데. 당시 사람들이 좀 쪼잔했나 봐요?

쪼잔이라고? 하하하, 민주가 나를 웃기는구나. 민주가 상상하는 그런 건 아니고 우리의 공동체 정신 때문이었어.

공동체 정신이요?

그래, 우리 공동체는 자신의 모든 것을 팔아서 가난한 사람에게 나눠 주고, 자신의 것은 하나도 갖지 않았어. 나는 제자들에게 길을 떠날 때에는 "지팡이 하나 외에는 아무것도 가지고 가지 말고, 빵이나 자루도 지니지 말고, 전대에 동전도 넣어 가지 말고, 신발은 신되 옷은 두 벌 가지지 말라."고 말했거든. 자신의 삶을 전적으로 하느님에게 맡기자는 정신이었지.

그건 하느님께 맡기는 게 아니라 주변 사람에게 민폐를 끼치

① 예수의 모습

영국 방송 BBC에서 복원한 예수님(좌)과 영화 〈나사렛 예수〉 속 예수님(우)

**② 운보 김기창(1913~2001년)**
한국의 대표적인 동양화가. 7세 때 장티푸스를 앓고 청각을 잃었으나, 스승 김은호에게 그림을 배워 두각을 나타냈다. 일제강점기에는 친일파이기도 했다. 해방 후 다양한 실험 기법으로 동양화의 세계를 넓혔다. 전통적인 기법뿐만 아니라 추상 기법에도 능했다.

는 거 아닌가요?

헉, 민주의 순진무구함 속에 날카로움이 감춰져 있구나. 하지만 우리가 거저 얻어먹은 건 아니었단다. 대신 복된 소식을 전해 줬지.

복된 소식이요?

자, 이야기는 천천히 나누도록 하고 우선 식탁에 앉으시죠. (식탁에 둘러앉아) 오늘 예수님을 위해서 준비한 음식은? 짜잔!

우와~ 무지개떡이다.

그래, 무지개떡이야. 예수님이 보리떡 다섯 개와 물고기 두 마리로 5,000명을 배부르게 먹인 기적을 베푸신 적이 있잖아. 거기서 힌트를 얻어서 아침 식사는 떡을 준비했어. 우리나라 전통음식 중 하나인 무지개떡! 우리나라에서는 귀한 잔치를 열 때 떡을 만들었는데, 곱게 빻은 쌀가루에 온갖 색깔의 천연색소를 물들인 후 찐 음식이지. 천연 재료로는 치자 물, 석이버섯 가루, 쑥 가루, 백년초 가루 등을 썼어.

색이 예술이에요.

따뜻한 꿀물도 준비했어요. 예수님 많이 드세요.

정말 예쁘네요. 감사히 잘 먹겠습니다.

잘 먹었습니다. 부드러운 떡과 달콤한 꿀물이 조화를 이루었군요. 이렇게 맛있는 음식을 대접받는 것은 참 행복한 일이지요. 그런데 제 별명에도 떡이 들어가는 거 아세요?

예수님 별명에 떡이 들어간다고요?

제 별명이 여러 가지인 건 아시죠?

아니요, 몰랐어요.

어디 한번 헤아려 볼까요. '하느님의 아들', '사람의 아들', '빛과 소금', '길과 진리' 그리고 '생명의 떡'도 있어요.

맞다. "내가 생명의 떡이다. 내게로 오는 사람은 결코 주리지 않을 것이요." 『요한복음』③ 6장 35절에 나오는 말이네요.

예수님 별명이 '떡'이라니 재밌어요. 하지만 맛있게 생기지는 않았어요. 흐흐.

그런데 예수님! 제가 평소에 궁금한 게 하나 있었는데 물어봐도 될까요?

그럼요, 뭐든지 물어보세요. 그런데 민주 아빠는 교회에 오래 다녀서 궁금한 게 별로 없을 것 같은데요.

**③ 『성서』와 『요한복음』**
기독교에서는 경전으로 『성서』를 사용한다. 『성서』는 예수 이전 유대인들의 신앙생활을 다룬 『구약성서』와 예수 이후 기독교인들의 신앙생활을 다룬 『신약성서』로 구성되어 있다. 그중에서 예수의 행적과 말씀을 주로 다룬 책이 복음서이다. 복음서는 저자의 이름을 따라 『마태복음』 『마가복음』 『누가복음』 『요한복음』 등 네 권이 있고, 최근 들어 『도마복음』이 출간되어 화제가 되고 있다. 『요한복음』은 기원후 100년경에 요한이 쓴 복음서이다.

그래서 남에게는 물어보지 못했어요. 예수님의 별명 중에서 '세리[4]와 죄인의 친구'라는 별명도 있잖아요. 비록 예수님을 싫어하는 사람들이 붙여 준 별명이지만 말이에요. 그런데 예수님은 왜 폭넓은 인간관계를 맺지 않고 꼭 문제되는 사람들하고만 사귀셨나요?

사랑 때문이지요.

그러니까 왜 하필 그런 사람들만 사랑했느냐는 질문이에요.

그 사람들이야말로 정말 사랑이 필요한 사람들이었기 때문이지요.

정말 사랑이 필요한 사람들이라고요?

건강한 사람에게 의사가 필요할까요? 아니죠. 병든 사람에게 필요하겠지요. 제가 어울린 사람들은 모두 아픈 사람들이었어요. 그것이 개인적인 아픔이든, 사회적 아픔이든, 종교적 아픔이든, 지역적 아픔이든 모두 병들어 있었거든요. 그들을 치유해 주고 싶었어요.

그러니까 예수님은 당대의 의사를 자임하셨던 거네요.

하하하. 자임이라고까지야. 지금이야 별것 아닌 병이지만 제가 살던 시대만 하더라도 변변한 의료 시설이 없었기 때문에 치료를 제때 받지 못해 많은 사람들이 힘들어했어요. 그래서 민간 치유자[5]들이 그들의 병을 고쳤어요. 저도 그중에 한 사람이었고요.

겸손의 말씀이에요. 그런데 당시 사람들은 유독 예수님의 치유만 문제 삼은 걸까요?

제가 사람들을 치유할 때, 단순히 병의 문제가 아닌 종교적인 문제까지 건드렸기 때문이에요.

좀 더 자세히 말씀해 주세요.

저는 사람들의 병을 살펴볼 때, 육체적인 면만을 본 것이 아니라 그 육체적 질병 때문에 생기는 사회적 · 종교적 고통까지 보았어요. 예를 들면, 사람들은 에이즈에 걸린 환자들을 단순한 환자라고 생각하지 않고 윤리적인 문제가 있는 사람, 그러니까 사회적으로 허용되지 않는 문란한 성생활을 하다가 병에 걸렸다고 생각하면서 손가락질하잖아요?

네, 지금도 그런 사람들이 많이 있지요.

그렇다면 에이즈 환자가 고통스러운 것은 병 그 자체보다는 이차적으로 생겨난 사회적 · 윤리적 손가락질 때문이 아닐까요?

아, 그렇게 생각할 수 있겠네요.

종교적 신념이 강했던 우리 시대에도 병에 걸린 사람들을 바라보는 시선이 달랐어요. 죄를 지었기 때문에 병에 걸렸다고 생각했지요. 그래서 환자는 육체의 병뿐만 아니라 마음의 병까지 걸릴 수밖에 없었어요.

그렇군요.

그래서 저는 병을 고쳐 주면서 "너의 죄가 용서받았다."라고 말했어요. 육체의 병뿐만 아니

**④ 세리**
세리는 세금을 걷는 사람, 요즘으로 치면 세무공무원이다. 로마는 식민지인 이스라엘에서 세금 걷는 일을 이스라엘 사람에게 맡겼다. 타민족이 세금을 걷을 경우 발생하게 될 적개심을 줄이기 위해서였다. 때문에 세리는 이스라엘 사람이면서도 로마 편에 서서 이스라엘을 직접적으로 착취하는 존재로 취급되었고, 우리 민족이 친일파를 싫어하듯이 민족으로부터 배척당했다. 이러한 세리와 친구가 되면 당연히 같은 비난을 받는 처지가 될 수밖에 없었다.

**⑤ 민간 치유자**
예수가 태어나기 전 기원전 70년에 갈릴리에 살았던 랍비, 하니나 벤 도사Hanina ben Dosa가 대표적 예이다.

라 마음의 병도 치유해 주고 싶어서요.

아, 그게 당시 종교 지도자들의 미움을 받은 이유였군요. 죄의 문제는 성전의 지도자들만이 다루어야 하는 문제였는데 그걸 건드렸으니까요.

그런 셈이지요. 당대에 가장 민감한 문제를 다뤘던 거예요.

우와, 우리 예수님 짱이었네요. 역시 사람은 겉모습만으로 판단할 게 아니라니까.

예수님, 말씀하시는 데 힘드시죠? 포도를 좀 준비했어요. 드시면서 말씀하세요.

감사합니다. 어? 포도에 씨가 없네요.

요즘은 품종이 개량되어서 씨가 없는 포도도 있어요. 먹기 아주 편하지요.

좋은 세상이네요. 포도의 생각은 좀 다를 수도 있겠지만요.

포도가 생각한다고요?

사람에게 좋은 것이 꼭 포도에게도 좋다고 말할 수는 없으니까요.

어쩜, 저는 왜 이제껏 그런 생각을 하지 못했을까요?

무엇에 민감하냐의 문제 아닐까요? 부자의 경우 대부분 가난한 사람은 거들떠보지 않고 돈에만 민감하잖아요. 아, 그렇다고 민주 엄마가 부자라는 것도, 포도가 맛이 없다는 것도 아니에요. 죄송합니다. 이렇게 맛있는 걸 대접하고픈 민주 엄마의 마음을 먼저 헤아렸어야 하는데…….

아니에요. 정말 좋은 걸 배운걸요.

그래서 예수님이 말씀하신 여덟 가지 복이 다른 사람들이 이야기하는 복과는 다른 거군요. 보통 복 받은 사람이라고 하면, 건강하게 장수한 사람이거나 부자 혹은 성공해서 유명해진 사람들을 꼽잖아요.

예수님이 이야기한 여덟 가지 복은 뭔데요?

예수님, 제가 말해도 될까요?

그러세요.

『마태복음』에 따르면, 예수님이 복이 있다고 말한 사람들은 여덟 가지 부류였어. 그래서 팔복八福이라고 알려져 있지. 마음이 가난한 사람, 슬퍼하는 사람, 온유한 사람, 의를 갈구하는 사람, 자비한 사람, 마음이 깨끗한 사람, 평화를 이루는 사람, 정의를 위해 박해받는 사람을 말해. 하지만 『누가복음』에 따르면, 가난한 사람, 굶주리는 사람, 슬피 우는 사람, 인자⑥ 때문에 고통받는 사람 이렇게 네 가지 부류를 복이 있는 사람들이라고 해. 사복四福이라고나 할까? 예수님, 어떤 게 예수님이 한 이야기에 가까운가요?

이번에는 『누가복음』 편을 들어야겠네요. 저는 이야기를 복잡하게 하는 편은 아니지요.

그렇다 하더라도 저는 이해가 안 돼요. 가난한 사람, 굶주리는 사람, 우는 사람, 박해받는 사람은 복 받은 사람이 아니라 오히려 정 반대잖아요.

보통 사회라면 그렇지. 하지만 불의한 세상이라면 사정이 달라진단다. 가난이나 굶주림이 게으름 때문에 생긴 것이 아니라 박해나 억압 때문에 생긴 것이라면 어떻겠니? 이렇게 생각하면

**⑥ 인자**人子
'사람의 아들'이란 뜻으로, 예수를 가리키는 별명 중 하나이다.

쉽겠구나. 한국의 일제강점기에 독립운동을 했던 사람을 생각해 보자. 일제의 억압에 저항하면서 자신의 목숨 따위는 아랑곳하지 않았던 사람들이 일제강점기에 부유하고 배부르게 살았을까, 아니면 웃으며 살았을까? 설령 저항하지 않았다고 해도 일제강점기에 한국 민중들이 행복하게 살 수 있었을까?

 그럴 리 없죠.

 내가 살았던 시대에 이스라엘도 당시 세계 최대 제국이었던 로마의 식민지였어. 게다가 로마권력과 결탁한 정치권력과 종교권력이 이스라엘을 지배하고 있었지. 그러니 민중의 삶이 오죽했겠니. 만약에 민주가 하느님이었다면 누구에게 복을 주고 싶을까? 부자나 권력자들이겠니, 아니면 고통받는 민중들이겠니?

 제가 하느님이라면 당연히 민중들이겠지요.

 나하고 똑같네.

 그렇게 되네요^^

 그러니까 예수님은 포도를 볼 때와 마찬가지로 가난하고 억압받는 민중에게 민감한 거였군요.

 슬슬 배가 민감해지는데요. 점심은 언제 먹나요?

 형은 항상 먹는 이야기야.

 점심은 조금 있다가 먹기로 하고 날씨도 좋으니 밖에 나가 산책이라도 할까요?

 그럴까요?

한참을 걸었더니 배가 고프네요. 여보, 뭘 먹을까요?

아침에는 떡을 먹었으니 이번에는 뭘까?

혹시 생선?

딩동댕^^ 이번에 예수님이 맛볼 음식은 서민의 음식인 고갈비 백반입니다. 식당으로 가시지요.

(식당에 들어가 자리를 잡고 음식을 시킨다.)

어떠세요, 입맛에 맞으세요?

아주 맛있는데요.

예수님 많이 드세요. 여기는 생선이 무한 리필이에요.

정말이니? 그렇다면 내가 기적을 베풀 필요도 없었겠네. 한 마리만 시키면 무한 리필이니^^

그렇다고 5,000마리까지 리필하지는 않아요. 예수님 농담이 심하시네요.

그러게. 내가 생각해도 심했구나. 그래도 아주머니, 여기 한 마리만 더 주세요^^

그런데 쌀밥은 입맛에 맞으세요?

온갖 반찬과 같이 먹으니까 아주 맛있는데요.

예수님, 제가 쌀과 관련된 재미난 이야기 하나 해드릴까요?

그래, 어디 한번 들어 볼까?

쌀을 한자로 쓰면 '米'미라고 써요. 그런데 이 '米' 자가 해의 형상을 따서 만든 글자래요. 잘 보면 해처럼 보이지요?

오! 정말 그렇구나.

한 가지 더. 이 '米' 자를 풀어서 쓰면 '八十八'팔십팔이 돼요. 쌀 한 톨이 만들어지려면 농부의 손길이 여든여덟 번 필요하다는 뜻이래요.

우와, 성준이가 정말 아는 게 많구나. 쌀에 그런 깊은 의미가 있는 줄 몰랐네. 그러면 나도 보답으로 이야기 하나 해 줄까?

기대가 되는데요.

하느님의 사랑은 해와 같단다.

무슨 말씀이신지…….

해가 악한 사람에겐 안 떠오르고 착한 사람에게만 떠오를까?

아니지요.

이와 마찬가지로 하느님은 "악한 사람에게나 선한 사람에게나 똑같이 해를 떠오르게 하시고, 의로운 사람에게나 불의한 사람에게나 똑같이 비를 내려 주신단다."

밥이 누구에게나 평등하듯이 하느님도 누구에게나 평등하다는 말씀인가요?

성준이의 지혜가 놀라운데. 하나를 알려 주면 둘을 아네.

제가 좀 똑똑해요^^

그래서 "원수를 사랑하라."는 말을 하셨던 건가요?

맞습니다. 이스라엘의 율법에 따르면, "네 이웃을 사랑하고, 네 원수를 미워하라."고 했지만, 그것은 하느님의 사랑과 어울리지 않는다고 생각했어요. 그래서 원수를 사랑하라고 말했지요.

그 이야기는 교회에서도 많이 들었지만, 그건 불가능한 일인 것 같아요. 우리가 하느님도 아니고요.

물론 말처럼 쉬운 건 분명 아니야. 나도 평생을 노력했던 일이니까. 그러나 착함은 착함으로 갚고, 악함은 악함으로만 갚는다면 이 세상에 악은 더욱 늘어나겠지. 하지만 우리가 바라는 세상은 악이 넘쳐 나는 세상이 아니라, 선이 넘쳐 나는 세상이지 않을까? 그렇다면 악을 선으로 갚는 사람이 분명 필요할 거야. 나는 민주가 그런 어린이가 되었으면 좋겠어. 해처럼 모든 사람에게 빛나는 어린이, 밥처럼 모든 사람을 배부르게 하는 어린이.

웬 도덕 교과서 모드?

아이고, 내가 민주한테 당했구나!

## 벽을 파괴하라

예수님, 예수님이 저희 가족이 초대한 성인 중 마지막 분이에요.

그동안 공자님, 부처님, 소크라테스님 세 분을 초대했는데, 그분들과 다른 점을 이야기해 봐도 될까요?

그러시죠. 재밌겠는데요.

제가 먼저 할게요. 우선 예수님은 아주 젊어요. 다른 분들은 할아버지였는데 예수님은 아빠보다도 젊어 보여요.

고맙구나. 내가 이 세상 나이로는 서른세 살에 죽었거든. 그러니 젊어 보이는 것이 당연하지. 잘생기진 않았니?

그건 비밀이에요^^

잘생긴 건 제가 보장할게요. 건강하고 남성답게 생기셨어요.

갑자기 기가 죽네. 좋아, 젊고 잘생기셨다는 점 인정! 제가 『성서』를 읽어 보니까, 예수님은 과격한 사람이었더라고요. 성전에서 채찍을 휘두르고 제자들에게 불같이 화를 내기도 하고요. 요즘 표현으로는 까칠남이라고 해야 하나?

그리고 서른 살에 가출도 하셨지요. 그건 부처님과 비슷한가?

게다가 결혼도 안 하셨네요.

이거 갑자기 저를 성토하는 분위기가 됐네요^^ 제가 인간적으로 문제가 많은 사람처럼 보였나 봐요?

어쨌든 성인으로 불리는 다른 분들보다는 많이 파격적이고 과격하셨던 것 같아서요.

과격은 제가 동의하기 힘들지만, 파격은 동의할 수 있을 것 같아요. 제가 살던 시대에 이스라엘이 로마의 식민지였다는 점은 이미 말씀드렸죠?

네.

그 당시에 과격했던 사람들은 제가 아니라 '열심당' 사람들이었는데, 그들은 로마제국으로부터 이스라엘을 독립시키기 위해서는 무장투쟁을 해야 한다고 생각했어요. 한국식으로 말하면 독립투사였죠. 저는 어렸을 때부터 그런 사람들을 많이 보고 자랐어요. 실제로 제가 살았던 갈릴리 근처의 세포리스라는 도시는 무장투쟁의 중심지였죠. 그런데 로마제국은 독립운동에 대해서 철저하게 무력으로 대응했어요. 그로 인해 세포리스는 완전히 파괴되고, 독립운동을 했던 사람들은 전쟁 중에 사망하거나 잡혀서 모두 십자가형을 당했지요. 저는 어렸을 적 십자가에 달린 사람들을 수없이 보았어요. 이들이야말로 로마제국의 입장에서 보면 과격한 사람이었지요.

예수님은 열심당에 가담하지 않으셨군요. 그렇다면 예수님의 파격은 어디서 나왔나요?

저는 전쟁에서뿐만 아니라 일상생활에서 고통받는 민중들에게 더욱 관심이 있었어요. 그리고 그들의 고통을 근본적으로 해결하지 않고서는 진정한 인간 해방이 불가능하다고 생각했어요. 오랜 고민 끝에 제가 도달한 결론은 '벽'이었어요.

벽이요?

네, 벽! 이스라엘을 사랑하는 하느님과 이스라엘 민중 사이를 가로

막은 수많은 벽들이요. 그리고 그 벽들 덕분에 이익을 보는 많은 권력자들도요.

어떤 벽들이었지요?

먼저 종교권력을 상징하는 성전의 벽을 꼽아야겠네요. 하느님은 모든 사람을 평등하게 사랑하시는데, 당시 이스라엘에서는 하느님에 대한 특권층이 있었어요. 성전을 관리하는 지배자들과 그들과 이익을 함께하는 상인들이었지요. 성전을 관리하는 지배자들은 상인들과 결탁해 제사를 지내는 물품뿐만 아니라 제사를 지내기 위해서 지불해야 할 화폐까지 독점했어요. 그러한 독점권을 이용해 물건에 터무니없는 가격을 매기고 폭리를 취했지요. 그래서 가난한 민중들은 제사를 지내기가 더욱 힘들어졌고요. 결과적으로 성전 특권층들은 민중을 하느님으로부터 멀어지게 만들었지요. 성전이 화려하면 화려할수록 민중들의 삶은 더욱 피폐해졌고요. 그래서 저는 예루살렘 성전의 화려함을 부러워하는 사람들에게 "너희가 보고 있는 이것들이, 돌 한 개도 돌 위에 남지 않고 다 무너질 날이 올 것이다."라고 말한 적이 있지요.

그다음은요?

지식인이 만들어 놓은 벽이에요. 당시 성전권력에 비판적인 지식인들이 있었는데, 바로 바리새인들이었지요. 이들은 민중들이 일상적으로 지키기에는 너무 많고 실천하기 힘든 율법을 내세우고는 이를 지키지 못하는 사람들을 죄인 취급했어요. 예를 들어, "안

식일을 거룩하게 지켜라."라는 계율은 하느님이 사람을 위해서 만든 것인데, 바리새인들은 그 율법을 사람의 삶을 억압하는 데에 이용했지요. 가난한 사람들은 어쩔 수 없이 안식일에도 일해야만 하는 처지에 놓일 수도 있는데, 바리새인들은 그 어떠한 예외도 인정하려 하지 않았거든요. 안식일에 일하는 사람들을 모두 죄인 취급했지요.

아, 그래서 예수님께서는 "안식일이 사람을 위하여 생긴 것이지, 사람이 안식일을 위하여 생긴 것이 아니다."라고 말씀하셨던 거군요. 그리고요?

그 외에도 너무도 많은 벽이 있었어요. 남자와 여자의 벽, 어린이와 어른의 벽, 지역과 지역의 벽, 유대인과 이방인의 벽! 이 모든 벽이 하느님과 사람 사이를 가로막고 있어서 하느님의 사랑이 온전히 이루어지지 못하게 한다고 생각했어요.

그러니까 예수님의 기이하고 파격적인 행동들은 모두 이 벽들을 없애고 싶었기 때문이었군요. 일부러 안식일에 병을 고친다거나 죄인들과 함께 식사를 한다거나 하는 행동 말이에요.

그러한 벽들은 당시 이스라엘뿐만 아니라 오늘날 우리 사회에서도 얼마든지 발견될 수 있는 벽들이에요.

맞아요. 과거든 현재든 하느님은 자신의 평등하고 무한한 사랑이 온전히 전해지기를 원하신다고 생각해요. 그러기 위해서는 모두가 벽을 없애기 위해 노력해야겠죠.

## 먹보와 술꾼

그런데 예수님께서는 그러한 벽을 허물기 위해서 주로 어떤 일들을 하셨어요?

'하느님이 실제로 이 땅에 와 있는 것처럼 살아가기!' 하느님이 실제로 이 땅에 와 있다면 우리의 삶은 어떠했을까 상상하면서 그대로 실천해 보기로 했죠.

그게 어떤 삶인데요?

우리의 삶을 전적으로 하느님께서 책임지신다는 것을 믿고 아무런 걱정 없이 살기. 하느님과 함께하는 기쁨을 나누는 마음으로 잔치하며 살기. 모든 것은 하느님 것이니 소유 없이 나누며 살기.

천국이나 마찬가지네요.

저는 그러한 삶을 '하느님 나라'라고 말했어요. 폭력을 휘두르던 로마제국도 아니고, 종교권력을 휘두르던 당대의 이스라엘도 아닌 사랑과 정의가 넘치는 하느님 나라 말이에요.

말이 쉽지 실천하기는 참 힘든 것 아닌가요?

어찌 보면 미친 짓이죠. 그런데 고통받던 이스라엘 민중에게 가장 필요한 삶이 바로 그러한 삶이었어요. 저와 함께하는 공동체와 아름다운 삶의 본보기를 퍼뜨리고 싶었던 거예요.

그랬군요.

이를 위해서는 우선 저와 저의 식탁 공동체가 어떤 것도 소유하지 않고 전적으로 하느님께 맡기는 삶을 실천해야 했지요. 그리고 누구나 초대받는 잔치 같은 모임을 만들어서 사람들을 초대해 함께 먹고 마셨어요. 하느님 나라를 이야기하면서 말이에요.

예수님이 계신 곳에 항상 빵과 포도주가 있었던 이유가 바로 이거였네요.

그런데 이렇게 행복해하는 우리의 모습이 당시의 권력자들과 지식인들의 마음에 안 들었나 봐요. 우리를 향해 온갖 비난을 쏟아내기 시작했지요.

그래서 예수님에게 '먹보와 술꾼'이라는 별명이 붙은 거군요.

네, 우리가 잔치를 열면 당시에 죄인 취급을 당하며 손가락질받던 사람들이 자리를 차지하고 있으니, 그들이 보기에는 영 탐탁지 않았던 거지요.

제가 보기에는 아주 통쾌한 장면인데요. 주변의 시선은 아랑곳하지 않고 함께 즐기며 행복하게 살아가는 모습이 말이에요. 잔치에 초대받은 사람들은 어쩌면 처음으로 인간으로서의 존엄과 자존심을 채울 수 있었을 것 같아요.

그랬지요. 잔치를 베풀 때마다 놀라운 일들이 벌어졌어요. 돈이 있는 사람들은 자신의 돈을 기부하기 시작했고, 재주가 있는 사람들은 재주를 기부했지요. 물론 아무것도 없는 사람들도 즐거운 마음으로 참석할 수 있었고요.

그런 잔치에 참여할 수 있었으면 좋겠다.

저도요.

그건 그리 어렵지 않단다. 지금이라도 할 수 있지. 우리도 직접 해볼까?

네, 좋아요.

잔치를 베풀려면 오늘 저녁 식사는 온 집안 식구가 나서서 수고를 많이 해야 하는데…….

대찬성입니다.

좋습니다. 그러면 한국 음식 중에서 간단하면서도 많이 만들 수 있는 음식이 뭐가 있을까요?

파전이 좋을 것 같아요. 재료도 금세 구할 수 있고, 식구들이 힘을 합치면 빨리, 많이 만들 수 있으니까요.

그러면 오늘 저녁 식사는 길거리에서 파전 잔치를 여는 것으로 대신하는 거예요. 슬슬 준비해 볼까요?

## 웃어라, 즐겨라

(길거리 파전 잔치가 한창 진행 중이다.)

여러분 맛있게 드시고 계시지요? 오늘 이 자리를 마련해 주신 예수님을 여러분께 소개합니다.

안녕하세요. 방금 소개받은 예수입니다. 제가 예수라고 여겨지지 않으시면 그냥 젊고 잘생긴 총각이라고 생각하시면 됩니다.

잘생겼다! 우리 딸한테 장가와라! (모두들 웃음)

일단 따님을 보고 나서 생각해 보도록 하겠습니다. (더 큰 웃음) 오늘 이 음식을 마련해 주신 민주네 가족에게 박수를 부탁드립니다. 길거리에서 만든 음식이지만 더럽다고 생각하지 마시고, 많이 드세요. 사실 입으로 들어가는 것이 더러운 것이 아니라, 입에서 나오는 것이 훨씬 더럽지 않습니까, 여러분?

옳소! (박수)

오늘날 정치하는 사람들이 모두들 입으로는 민주주의네, 국민화합이네, 복지사회네 이야기하지만 정작 자신들의 탐욕을 채우는 모습만 보이고 있잖아요.

옳소!

그런 사람들에게 기대거나 믿지 말고, 우리가 먼저 행복하고 당당하게 함께 살아가자고요.

젊은이가 말 한번 시원하게 잘하네.

아저씨 감사합니다. 저분에게 파전 한 장 더 가져다 주세요^^ 오늘 제가 드리고 싶은 말씀은 하느님 나라입니다. 그렇다고 무슨 교회 전도단이라고 생각하지는 마시고요. 하느님 나라는 교회를 가느냐, 안 가느냐와는 별로 상관이 없습니다. 교회에 다녀도 지옥 같은 삶을 사는 분이 있는가 하면 교회에 다니지 않지만 천국 같은 삶을 사는 분도 많으니까요.

그러면 총각이 말하고 싶은 건 뭔가?

우리가 웃고 즐길 수 있는 삶이 바로 하느님 나라라는 이야기입니다. 그런데 내가 웃고 즐기자고 남을 외면하는 것이 아니라, 남과 더불어 웃고 즐기는 삶을 살아야겠지요. 그러려면 어떻게 해야 할까요? 제가 아는 한 아주머니 이야기를 하나 해드릴게요. 그 아주머니가 비상금 5만 원을 감춰 두었는데, 어디에 두었는지 기억이 안 나는 거예요. 그래서 하루 종일 온 집안을 샅샅이 뒤졌지

요. 마침내 저녁 무렵 돈을 찾은 아주머니는 너무 기쁜 나머지 친구들을 불러서 한턱 쐈어요. 그런데 아 글쎄, 계산을 하려고 보니까 8만 원이 나온 거예요. 아주머니는 손해를 본 걸까요, 이익을 본 걸까요?

 그야 당연히 손해지!

 손해고 뭐고가 있나. 공돈 생겨서 좋은 데다 친구들하고도 즐거운 시간을 보냈으면 된 거지.

 역시 멋지십니다. 아주머니처럼 생각하며 사는 게 바로 하느님 나라를 사는 겁니다. 여러분, 당장은 조금 손해 보는 행동 같지만 즐거움을 위해서 자신의 재산을 조금씩은 이웃에게 양보하며 사시길 바랍니다. 그러면 진짜 즐거움이 찾아올 거예요. 소유하는 즐거움보다 나누는 즐거움이 훨씬 크거든요. 하느님 나라는 이 땅에서 즐겁게 살아가는 우리 삶의 모습이지, 어떤 다른 것이 아니에요. 모두들 즐거운 마음으로 하느님 나라를 살길 바랍니다.

 청년 말을 들으니 얻어먹기만 한 것 같아 기분이 찜찜하네. 여기 있는 사람들에게 2차는 내가 쏴야겠는데.

 오늘 먹을 복이 터졌구만.

 하하하하.

 그래요, 한 사람의 힘만으로는 하느님 나라를 만들 수 없지요. 이렇게 나눔을 좋아하시는 여러분들이 함께 만들어 가는 거예요. 그게 바로 기적이지요.

나도 얻어먹을 수만은 없으니까 음료수는 내가 사리다.

그러면 나는 뭘 사야 되나?

천국이 따로 없네요. 여기가 바로 하느님 나라네요.

하느님 나라?! 맞다 맞아. 이게 바로 하느님 나라구먼. 하하하.

## 새 술은 새 가죽 부대에

(집으로 돌아와 거실에 모여 앉아)

모두들 수고하셨어요. 정말 즐거운 시간이었습니다.

우리도 예수님 덕분에 하느님 나라를 맛보았어요.

예수님도 수고 많이 하셨는데, 편안히 앉아서 차 한잔 하세요.

그런데 당시의 권력자들은 이런 예수님을 왜 위험하게 생각하고 처형했을까요?

새로운 삶을 맛본 사람들은 기존의 삶을 인정하지 않기 때문이죠.

그게 문제였던 건가요?

네, 새로운 삶은 그 삶을 방해하는 낡은 제도와는 맞지 않았어요. 새로운 삶을 낡은 제도에 담으려면 새로운 삶이 망가져 버리게 되니까요. 그런데 당시의 낡은 제도로 권력을 유지하는 사람들은 이 모습을 보고만 있을 수는 없었어요. 성전권력도, 로마제국의 군사 권력도 마찬가지였지요.

예수님은 신변에 위험을 느껴서 피해 다녔던 거군요.

많이 피해 다녔지요. 하지만 그렇게 피해만 다니는 건 해결책이 아니라고 생각했어요. '새로운 삶과 낡은 제도는 함께할 수 없다. 하지만 낡은 제도는 견고하기만 하다. 낡은 제도는 결국 새로운 삶을 파괴하려 할 것이다. 그렇지만 그 파괴하려는 제도가 결국은 파괴될 것이다. 마치 새 술이 낡은 가죽 부대에 담기면 낡은 가죽 부대가 터지듯이. 그리고 새로운 삶은 낡은 제도를 부수고 뿌리내리게 될 것이다. 마치 낡은 가죽 부대가 터지면 새 술이 아래로 흘러넘치듯이.'

그게 예수님이 죽음을 결심하게 된 계기군요.

악을 악으로 갚는 것이 아니라 선으로 갚으면 결국 선이 승리한다고 생각했어요.

그래서 승리하셨나요?

여기에 저를 초대하신 여러분들이 승리의 증표가 아닐까요? 아무도 저를 죽인 사람들을 초대하지는 않잖아요.

아하!

예수님의 삶이 눈물겹네요.

왜 눈물겨우신지…….

제가 자식을 낳아 봐서 아는데, 자식이 결혼도 안 하고 무슨 이유에서건 처형을 당하면 어머니 가슴은 찢어질 듯이 아플 거예요.

어머니를 생각하면 저는 불효자예요. 하지만 저는 하느님의 뜻이 이스라엘 땅에 널리 퍼지기를 원했어요. 그러한 삶에는 반드시 위험이 따르기 마련이었지요. 당대의 권력과 제도에 반대되는 삶이었으니까요. 그렇지만 우리 어머니는 아주 강한 분이었어요. 제가 죽을 위기에 처하자 다른 사람들은 모두 도망쳤지만, 어머니는 제 곁을 지켜 주셨지요.

그것 또한 어머니의 특징이에요.

“여자는 약하다, 그러나 어머니는 강하다.”

형은 어디서 주워들은 게 참 많아.

그런 건 주워들었다고 하는 게 아니라 박학다식博學多識이라고 하는 거야.

너희들은 진지한 이야기를 우스꽝스럽게 만드는 재주가 있는 것 같구나. 그리고 어머니가 강한 게 아니라 모든 여자들이 강한 거야.

제가 보기에는 참 좋은 재주인데요. 유머 감각 있는 사람이 세상을 즐겁게 하니까요.

감사합니다. 역시 예수님밖에 없다니까^^

떠나시기 전에 정말 궁금한 질문 하나 할게요. 기독교를 보통 부활의 종교라고 하잖아요. 다른 종교와 비교하면서 기독교의 우월성을 이야기할 때에도 항상 '부활'이 단골 메뉴로 나오거든요.

아~ 그러니까 민주 아빠는 제가 진짜로 부활했는지 안 했는지 궁금하신 거군요.

정곡을 찌르셨네요.

제가 살았던 시대에도 부활을 믿는 사람이 있고 안 믿는 사람들이 있었어요. 성전 제사장들인 사두개인⑦들은 부활을 믿지 않았죠. 반면에 지식인층에 속했던 바리새인⑧들은 부활을 믿었어요. 그리고 이스라엘의 역사로 보면, 이스라엘 민족이 부흥할 때는 부활을 믿지 않았어요. 부활에 대한 믿음은 식민지가 되어 이스라엘 민족이 다른 나라에 포로로 끌려갔을 때 생겼지요. 이집트나 바빌로니아 등에 끌려갔을 때 하느님을 섬기다가 억울하게 죽은 사람들에게는 뭔가 보상이 따라야 한다는 생각을 갖게 되었고, 그러한 생각은 그 지역에 널리 퍼져 있었던 부활신앙을

**⑦ 사두개인**
성전권력을 담당하는 사제집단이었다. 그들은 하느님의 권력이 현실세계에서 이루어지기를 바랐기 때문에, 내세나 부활에 대해서는 믿지 않았다.

**⑧ 바리새인**
성서에 정통한 지식인 그룹이었다. 그들은 하느님의 세상이 이 땅에 이루어지기 위해서는 성서에서 말하는 율법과 계율을 철저히 지켜야 한다고 생각했고, 그것을 지키다가 죽음을 당한 사람들은 하느님이 다스리는 때가 오면 부활할 것이라는 믿음을 갖고 있었다.

빌려 더욱 강화되었어요. 결국 부활은 이스라엘 민족만이 가지고 있는 고유한 믿음이 아니에요. 서아시아 지역의 여러 나라 사람들도 모두들 부활을 믿고 있었지요. 민주 아빠는 부활을 믿으시나요?

안 믿는다고 하기에도 그렇고, 믿는다고 하기에도 참 그래요.

부활은 왜 믿을까요?

사람들이 억울하게 죽으면 부당하잖아요. 특히 올바른 일을 하다가 죽거나, 선한 일을 하다가 죽은 사람들에게 부활이 없다면 그 분들의 삶이 참 억울할 것 같아요. 하느님이 계시다면 그런 분들은 부활시켜야 하지 않을까 하는 생각도 들고요.

그러면 나쁜 일을 하다가 죽은 사람은요?

그런 사람들에게 굳이 부활이 필요할까요? 부활하면 괜히 세상만 더 어지러워질 것 같고요.

그러니까 민주 아빠의 말씀에 따르면, 선하게 살다가 억울하게 죽은 사람에겐 부활이 필요하고, 그냥 나쁘게 살다가 죽은 사람들에겐 부활이 필요 없다는 말씀이네요.

뭐, 그렇게 정리할 수 있을 것 같아요.

그렇다면 부활의 기준은 죽음이 아니라 삶이 되는 거니까 민주 아빠가 신경 쓰셔야 할 부분은 죽음 이후의 부활이 아니라 지금 여기서의 삶이에요. 부활은 하느님께 맡기고요.

부활은 하느님께 맡기라고요?

부활은 죽음의 신비가 아니라 삶의 신비에 속하지요. 그것은 또한 하느님의 신비에 속하기도 하고요. 진정으로 부활하고 싶다면 부활할 수 있는 삶을 사세요.

그러니까 예수님께서는 부활하셨다는 건가요, 아니라는 건가요?

그건 민주 아빠 믿음의 문제지요^^

여보, 예수님은 이제 그만 괴롭혀요. 가셔야 할 시간이 다 된 것 같은데.

벌써 시간이 그렇게 됐나요?

예수님과 이야기하다 보니 시간이 가는 것도 몰랐네요. 정말 죄송합니다.

죄송하기는요. 아주 즐거운 대화였습니다.

얘들아, 예수님 가시는데 배웅해드려야지.

잘생긴 예수님, 안녕히 가세요.

고맙구나. 너희도 잘 지내렴.

오늘 정말 감사했습니다. 안녕히 가세요.

네, 그럼 웃으며 즐겁게 사세요.

## 예수님을 보내고

드디어 모든 성인들이 다녀가셨네.

그러게요. 성인들마다 참 개성 있고 배운 것도 많았어요.

얘들아, 예수님을 직접 보니까 어떻든?

아까 파전 잔치하면서 예수님이 연설하시는 걸 들었는데, 정말 재미나고 쉽게 말씀하시는 것 같았어요.

연설이 아니라 설교라고 하는 거야.

뭐 그게 그거지. 형은 자꾸 내 말꼬리를 잡더라?

그래, 오늘 하루도 자기 전에 예수님과의 만남을 잠시 정리하는 시간을 갖도록 하자꾸나.

이번에는 내가 먼저 이야기할게요. 예수님을 보면서 가장 감명 깊었던 것은 예수님의 감수성이었어요. 대부분의 남성에게서는 보기 힘든 여성적 감수성을 갖고 계신 분이랄까? 사물을 바라보는 시선이 참으로 신선했어요.

저는요, 예수님이 벽 이야기를 할 때 가슴이 쿵쾅쿵쾅 뛰었어요. 우리가 만들어 놓은 벽들이 하느님과 사람 사이의 사랑을 가로막고 있다고 말씀하셨잖아요. 그때 제 주변에 보이지 않던 벽이 하나둘씩 보이기 시작했어요. 그래서 그 벽부터 없애야겠다고 생각했지요.

형은 형과 나 사이에 쳐 놓은 벽부터 허물어. 항상 나에게 심부름이나 시키고 자기는 아무 일도 안 하고.

그래, 그 벽도 허물어야겠구나. 민주는 어떤 대화가 제일 기억에 남니?

저는요, 하느님과 함께 살아가는 것처럼 걱정 없이 살자는 말씀이 가장 기억에 남아요. 제가 걱정이 많거든요. 이제는 걱정을 좀 덜어 보려고요.

아니, 막내 민주님께서 무슨 걱정이 그리도 많으실까?

엄마, 놀리지 말아요. 나이가 어리다고 걱정이 없는 건 아니에요.

아이쿠, 미안. 그냥 농담으로 한 소리인데 화났니? 화내기 있기, 없기?

있기!

고놈 참. 나는 부활하려면 부활하는 삶을 살라는 말씀이 가장 기억에 남는구나. 괜히 부활했느니 안 했느니 쓸데없는 논쟁에 빠지지 말고 자신의 삶이나 충실하게 살아가라는 말씀인 것 같아서 가슴이 뜨끔했단다.

이제 모든 행사가 끝이 났는데 뭔가 정리를 하는 시간이 있으면 좋겠어요.

아참, 아빠가 소환마법의 비밀을 알려 주신다고 해 놓고 아직 말씀해 주시지 않았잖아요.

맞다!

오늘은 잔치까지 치르느라 고생들 많았으니 모든 건 내일로 미루고 오늘은 그만 자는 게 어떨까?

 그래요. 너희들도 잘 자렴. 자기 전에 이 닦는 거 잊지 말고.

  네. 엄마 아빠, 안녕히 주무세요.

예수,
기독교를 만들다
예수가 살았던 당시 이스라엘은 로마제국이 지배하는 식민지였어.
ROME
이스라엘
이스라엘은 그전에도 바빌로니아, 페르시아 등에게 정복당했어.
바빌로니아
페르시아
그리고 알렉산드로스 대왕, 시리아, 마지막에는 로마제국에게 지배받았지.
페르시아 정복 모자이크 - 알렉산드로스
그 기간에 100년 정도 독립했었을 뿐,
100년
600년 가까이 이민족이 점령하며 식민 상태에 놓였던 거야.
심지어 노예로 끌려가기도 했고,
고유한 언어인 히브리어도 300년 가까이 사용하지 못했어.
외부의 침략만이 문제가 아니었어.

이스라엘은 단일한 종교인 유대교를 믿었기 때문에 종교권력이 막강한 영향력을 행사했지.
토라(Torah)
(유대교의 가르침을 기록)
종교권력 역시 로마제국에 협력하는 세력이 장악하고 있었어.
예수가 활동한 시기는 밖으로는 로마제국, 안으로는 종교권력에 의해 이중으로 억압당하던 시기였어.
로마
지배권력
예수가 벌인 종교운동의 파격성은 여기서 유래했다고 볼 수 있지.
권력의 눈밖에 벗어난 예수가 정치범으로 몰려 십자가형을 당한 것도 어쩌면 당연한 거야.
INRI
처음에는 지도자가 죽자 예수의 제자들과 따르던 무리들이 뿔뿔이 흩어졌지.
의미가 없어.
예수
....
그리고 기원후 70년에 로마제국이 저항하던 이스라엘 세력을 섬멸하고 예루살렘 성전을 무너뜨리자,
ROME
예루살렘
유대인들은 세계 곳곳으로 흩어져 살게 되었어.
우리들을 '디아스포라'(Diaspora)라고 부르지.

예수를 따르던 무리도 더불어 세계 곳곳으로 흩어졌어.
그렇게 예수의 종교운동은 끝날 거라고 생각했는데 오히려 불씨가 퍼졌던 거야.
예수를 따르던 무리들은 예수를 하느님의 아들이라고 믿었어. 예수가 부활하였고, 자신들과 함께 있으며, 하느님 나라가 곧 올 것이라고 확신했지.
기독교가 탄생한 거야.
!
!
기독이라는 말은 라틴어 크리스투스(Christus)를 한자로 옮기면서 음을 딴 거야.
크리스투스(CHRISTUS)
기 독(基督)
크리스투스는 히브리어 '메시아'(messsiah)와 같은 말로, '기름 부은 자, 왕'이라는 뜻이야.
기독교의 교리가 체계화 및 세계화된 것은 유대인이자 로마인인 사도 바울 덕분이지.
로마 시민권자이자 정통유대교인이었던 바울은 처음에는 기독교 박해자였어.
기독교
그러다가 하늘에서 예수의 음성을 듣는 기적을 경험하고 기독교로 개종했어.
왜 나를 핍박하느냐?
제가 죄인입니다.

그 후 바울은 이스라엘이 아닌 다른 지역을 전도하며 세계 도시 곳곳에 정력적으로 교회를 세워.
바울은 기독교를 유대인의 종교가 아니라 세계인의 보편 종교로 만드는 데 혁혁한 공을 세운 사람이야.
Jesus
예수!
바울에 따르면 예수의 죽음은 세계인에 대한 하느님의 절대적인 사랑을 보여 주는 것이며, 예수의 부활은 세계인이 구원받을 수 있는 징표야.
사랑
구원
유대교가 율법의 종교라면 기독교는 사랑의 종교임을 선포한 거지.
율법
사랑
유대교
기독교
바울의 등장 이후 기독교는 비로소 새로운 종교의 모습을 갖추고 세계로 전파되기 시작했어.
기독교
수많은 기독교 공동체가 생겨나면서 기독교는 빠른 속도로 지중해 세계에 퍼져 나갔지.
로마
1세기말경
2세기말경
예루살렘
하지만 기독교인들의 공동체가 통일된 모습을 갖췄던 것은 아니야.
다양한 사상과 대결하거나 흡수하면서 독특한 자신들만의 공동체를 이루어 갔지.
그에 따라 다양한 성서도 쓰였어.
A 성서
B 성서
C성서

한편 기독교의 확산은 로마제국에게는 큰 위협이었지.
기독교
로마제국은 다신교를 바탕으로 한 계급사회를 지향하고 있었는데,
기독교는 유일신을 섬기면서 평등사회를 꿈꾸었지.
Jesus
평 등
그래서 로마제국은 기독교 세력을 더욱 거세게 탄압했어.
기독교
원형경기장에 기독교인을 묶어 놓고 사자를 풀어 잡아먹게 만들거나, 십자가형에 처하는 등 기독교인에 대한 탄압은 매우 잔인했지.
하지만 기독교의 확산을 막을 수는 없었어.
기독교
로 마
313년 로마 황제 콘스탄티누스의 밀라노칙령에 의해 기독교 탄압은 중지되었고,
기독교 탄압 중지!
로마제국의 종교로 공인되었지.
ROME
그로 인해 콘스탄티누스 황제는 기독교인의 지지를 얻어 무소불위의 권력을 가질 수 있었어.
지지세력이 저렇게 많은데 누가 날 건드려?
기독교 세력은 325년 니케아 종교회의를 통해 지금까지 공식 교리로 여기는 삼위일체를 공인했어.
하느님과 예수님과 성령님은 동일한 실체다.

물론 이 논쟁에서 다른 의견을 보인 성직자들은 따로 세력을 만들었어.
예수는 '성부'에게 종속된 일개 '인간'일 뿐이다.
아리우스
니케아 종교회의 결정에 찬성한 동서방 니케아파와 반대한 동방의 아리우스파로 분열된 거야.
이단!
이러한 분열은 381년 동방의 콘스탄티노플 회의를 통해 다시 한번 삼위일체가 확정되면서
성부
성자
성령
동서방을 아우르는 가톨릭교회의 공식 입장이 되고, 이에 반대하는 입장은 그리스정교회로 분리되었어.
기독교가 이론적으로 자리를 잡아 가던 2세기에서 7~8세기까지의 초기를 교부의 시대라고 해.
교부(教父)란, 미신과 이단적인 주장에 맞서 기독교를 지켰던 신학자들을 일컫는 말이야.
이단
미신
가장 대표적 교부는 아우구스티누스야. 아우구스티누스는 플라톤 철학과 기독교를 결합시켜 자신의 신학을 만들었어.
『고백론』과 『신국론』이라는 저작으로 잘 알려졌지.
고백론
신국론
그는 타락한 세상에서도 인간은 신에 대한 믿음을 통해 구원받을 수 있음을 고백했어.
믿음!
구원
아우구스티누스를 정점으로 하는 교부철학의 시대는 9세기까지 지속되었어.
9세기
교부철학

10세기경에는 중세 기독교 사회가 안정기에 접어들어.
중세 기독교
역사적으로 중세를 암흑의 시대라고 평가하는데
깜깜해!
기독교 입장에서는 가장 융성했던 시기라 할 수 있어.
기독교가 지배하는 사회가 되면 기독교를 제외한 다른 종교나 기독교에 반대하는 입장은 탄압을 받게 되니까 암흑인 거야.
기 독 교
어쨌든 중세에 접어들어 유럽 곳곳에 수도원들을 중심으로 학교가 세워졌지.
스콜라(schola) 라고 해.
스 콜 라
이 학교에서는 신학을 중심으로 철학이나 법학, 의학 등 다양한 학문을 가르쳤어.
신 학
철 학
법학
의 학
물론 신학이 가장 우위에 있어서 철학은 신학의 시녀 역할을 수행했어.
신학
철학
스콜라철학이라고 하는데 토마스 아퀴나스가 대표적이야.
그가 수용한 철학은 아리스토텔레스였어.
기독교 신학
과학
철 학
교부철학자 아우구스티누스가 플라톤을 부활시켰다면,
토마스 아퀴나스는 아리스토텔레스를 부활시킨 셈이지.

토마스 아퀴나스는 이성과 신앙이 조화를 이루듯이 철학과 신학도 조화를 이루어야 한다고 생각했어.
신앙
신학
이성
철학
그의 대표적인 저술 『신학대전』은 오늘날에도 많이 읽히는 책이지.
스테디셀러
신학대전
-토마스 아퀴나스-
중세의 몰락을 초래했던 수많은 이유 중 하나는 종교전쟁이야. 기독교를 수호하고 세계적으로 확산시키겠다는 욕망은 다양한 반대 세력의 저항을 낳았고, 이로 인해 사회가 혼란해지고 중세의 기반을 붕괴시켰어.
거기에 막강한 권력을 가지고 있었던 가톨릭교회 권력의 타락도 중세가 몰락하는 하나의 계기가 되었어.
마르틴 루터나 칼뱅 등 종교개혁가들이 가톨릭 세력을 비판했고,
이후에 낡은 종교를 비판하는 새로운 종교개혁 운동(프로테스탄트 운동)이 형성되면서 개신교가 생겨났지.
프로테스탄트 운동
장로교, 감리교, 성결교, 침례교 등 다양한 개신교 세력은 오늘날에도 가톨릭교회와 더불어 전 세계에 퍼져 활동하고 있어.
가톨릭 · 개신교

# 에필로그

# 굿바이!
# 나의 슈퍼히어로,
# 4대 성인

## 소풍 가는 날

그동안 네 분의 성인들을 만나면서 즐거웠지?

네, 아주 좋았어요. 맛있는 것도 많이 먹고! 부처님 오셨을 때만 빼고요.

나는 이번 만남을 통해서 아이들이 정신적으로 부쩍 성장한 것 같다는 생각을 했어요. 내 자신도 그렇고요.

그건 나도 마찬가지예요. 너희들은 어땠어?

사실 성인들이 오신다고 해서 약간 쫄았는데, 막상 만나 뵙고 나니 정말 친근해진 느낌이에요.

저도요. 처음 공자 할아버지 만났을 때부터 마음이 풀어졌어요. 다들 정말 친절하시더라고요.

그래. 오늘은 그동안 성인들을 만난 경험을 서로 나누고 정리해 보는 시간을 가지려고 해. 맛있는 음식을 만들어서 우리 식구들끼리 소풍을 갈까 하는데 너희들은 어떠니?

맛있는 것과 함께라면 그 어디나 하늘나라지요.

놀이동산에 가는 건가요?

놀이동산은 너무 시끄러우니까 한적한 능으로 가려고.

고리타분한 아빠의 선택!

흠, 조용한 곳을 좋아하는 엄마의 선택! 닭다리 구이와 샌드위치 도시락도 쌌단다. 이제 과일만 싸면 준비 끝이야.

과일 싸는 건 제가 도와드릴게요.

역시 우리 민주밖에 없다니까.

자, 준비 끝났으면 출발해 볼까?

## 달라 보이는 세계

오랜만에 가족과 함께 조용한 능에 오니까 정말 좋구나.

이렇게 넓은 잔디에 사람도 별로 없으니, 마치 우리 집 정원에 있는 것 같지 않니?

전하, 이곳은 왕의 묘지이옵니다. 자중하시옵소서.

히히히.

아이고, 알겠습니다.

자, 맛있는 음식을 먹으면서 이야기를 나눠 볼까요?

역시 우리 엄마. 금강산도 식후경이죠.

너희는 성인들을 만난 후 달라진 게 있니?

저는 이제 소원이 바뀌었어요.

어떻게 바뀌었는데?

이전에는 컴퓨터 게임이 좋아서 프로게이머가 되어 볼까 생각했는데, 공자님과 이야기를 나누면서 뭔가 좀 더 세상에 도움이 되는 사람이 되고 싶어졌어요. 내 세계에만 빠져 지내는 사람이 아니라 이 세계를 끌어안을 수 있는 그런 사람 말이에요.

뭐, 아빠가 좋아하는 독수리 오형제? 그 지구를 지킨다는?

형은 진짜 못 말린다니까.

성준아, 진지 모드로 바꾸고 네가 한번 이야기해 보렴.

(닭다리를 마이크처럼 입에 대고) 아~아~ 마이크 테스트, 마이크 테스트. 저는 소크라테스님과 이야기를 나누면서 '음미하는 삶'을 살기로 했어요. 우선 닭다리부터 음미하고요.

성준이는 그 닭다리가 마지막인 줄 알아라.

엄마는 꼭 먹는 걸로 협박하신다니까. 저는요, 소크라테스님을 만나 뵙고 불의에는 정의로 저항하라는 태도를 배웠어요. 그래서 음식으로 저를 협박하는 엄마의 불의에 저항합니다.

너, 닭다리로 맞아 봤니?

알았어요. 이제 그만 평화협정을 맺도록 해요.

장난으로 말하지 않기!

넵! 저는 성인들을 만나고 나서 그분들이 참 치열하게 사셨다는 걸 알게 됐어요. 저 같으면 적당히 타협하고 편안하게 살 텐데 그분들은 그러지 않으셨더라고요. 뭔가 원칙이 분명하다고 할까? 목표가 분명하다고 할까? 왜 그런 거 있잖아요.

맞아. 하지만 성인들은 재미나기도 했어요. 전 성인이라면 뭔가 권위적이고 딱딱할 거라고 생각했는데, 막상 만나 보니까 한결같이 유머 감각을 갖고 있으시더라고요.

그래. 치열함 가운데에서 유머 감각을 유지하기란 쉽지 않지.

난 성인들의 음식 철학을 들으면서, '식사 하나에도 정신이 담겨

있구나' 하는 생각을 했어요. 소크라테스님과 부처님의 절제하는 식사가 마음에 들었어요. 물론 공자님과 예수님이 공동체와 함께 동고동락하는 식사도 마음에 들었고요.

역시 엄마는 평소에 음식에 대해서 많은 생각을 하시니까 음식 이야기를 하시는구나.

그런 의미에서 이번 성인들과의 식사 중 맛있는 것 위주로 순위를 매겨 봤습니다. 이른바 '성인 식탁 베스트 파이브!' 5위부터 발표할까요?

그거 재밌겠다.

그런 건 또 언제 준비했니? 한번 들어 볼까?

5위, 두구두구두구~ 예수님과 함께 먹었던 고갈비 백반! 저의 유식이 만천하에 알려진 날이지요.

순전히 자기 위주네.

관객은 조용하시고요. 4위, 소크라테스님과 먹었던 케이크와 과일 샐러드! 달콤한 케이크와 새콤한 샐러드가 잘 어울리는 음식이었지요. 그리고 3위, 공자님과 먹었던 신선로 요리! 제가 사랑하는 고기가 나와서 정말 좋았어요. 그리고 2위, 예수님과 함께 만들고 먹었던 파전! 노동의 즐거움과 파전의 푸짐함이 잘 조화를 이뤘지요. 이제 마지막으로 대망의 1위, 빰빠라밤!

그건 나도 알겠다.

저도요.

나도.

그럼 다 같이 외쳐 볼까요?

하나, 둘, 셋! 소크라테스님과 먹었던 뷔페!

부처님 이야기는 하나도 안 나오네?

말도 마세요. 하루 종일 굶었던 데다 잔치국수 먹고 체한 걸 생각하면 지금도 속이 안 좋아요.

하하. 성준이 덕분에 우리 집이 항상 유쾌하다니까.

여보, 당신은 어땠어요?

그동안 인문학을 공부하면서 많은 생각을 하고 살아왔지만, 이번에 성인들을 만나면서 인문학의 최종 목표는 무엇일까 생각해 보게 되었어요.

그래서 찾았어요?

아직 명료하지는 않지만, 인문학의 최종 목표는 자기 성찰과 갱신, 앎과 행동의 일치가 아닐까 싶어요.

정말 당신에게 꼭 필요한 항목이네요.

어째 말을 듣는 내가 기분이 묘하네?

아직은 자기 성찰이 부족한 거죠^^

아빠를 향한 저 사랑스럽고 애정 넘치는 날카로운 지적질!

하하하.

아빠, 그러고 보니 네 분 다 특색이 있어요. 뭔가 같은 게 있는 것도 같고, 다른 게 있는 것도 같고……. 좀 애매해요.

그래. 그렇지 않아도 민주가 이야기한 걸 함께 정리해 보면 어떨까 생각했단다. 성인들의 공통점과 차이점을 한번 찾아볼까? 먼저 공통점부터 이야기해 보자.

모두 힘들게 사셨다는 거요. 공자님은 오랜 세월을 떠돌아 다니셨고, 부처님은 고생을 사서 하셨고, 소크라테스님은 늘 가난하게 살다가 사형당하셨고, 예수님은 젊은 나이에 십자가에 달려 돌아가셨잖아요. 순탄한 인생이 하나도 없었던 것 같아요.

그리고 아까도 말했지만 다들 친절하시고 유머 감각이 넘치시는 것도 비슷해요.

그래. 많이 아는 사람이라고 고개가 뻣뻣하기는커녕 오히려 겸손하게 말씀하시고, 묻는 말에 친절하게 대답해 주셨던 모습이 요즘 지식인들과는 다른 것 같아.

나는 다들 자신을 위해서 살지 않았다는 것을 꼽고 싶어요. 위대한 분들은 자기의 욕망이나 욕심을 채우는 것이 아니라, 함께 살아가는 공동체나 나라를 위해 힘써 노력하시는 것 같아요.

우리 가족이 반성해야 할 점이겠네요. 가족 이기주의를 벗어나는 것은 참으로 어렵지요.

하나 더요.

그러렴.

그러고 보니 모두들 문제아였던 것 같아요. 공자님은 집 떠나 고생하고, 부처님과 예수님은 가출하고, 소크라테스님은 가장인데도 돈 한 푼 안 벌어 오고.

저도 하나 더 할래요. 네 분 모두 제자들이 많았다는 거요. 제자들이 없었다면 그분들이 지금처럼 유명해지지 않았을 것 같아요.

맞는 이야기네. 소크라테스님과 부처님, 예수님은 책을 한 권도 쓰지 않으셨거든. 다 제자들이 나중에 그분들의 이야기를 써서 남긴 거지. 공자님은 『춘추春秋』라는 역사책을 쓰셨지만, 정작 공자님이 유명해진 것은 제자들이 모여 쓴 『논어』 때문이었어.

그럼, 아빠도 유명해지려면 제자를 많이 키워야겠네요.

글쎄다. 아빠 이야기를 써 줄 제자가 있을까?

그건 걱정하지 마세요. 형이랑 제가 써드릴게요.

정말?

하시는 거 봐서요. 크크.

으이구!

이거 참 재밌네요. 이번에는 네 분의 차이점을 이야기해 봐요.

말을 꺼냈으니 당신이 먼저 이야기해 봐요.

부처님과 소크라테스님은 논리가 무척 강하신 것 같아요. 그에 비해 공자님과 예수님은 생활 속 지혜가 많으신 것 같고요.

많이 드시는 걸로는 예수님이 최고예요. 나머지 분들은 별로 안 드시는 것 같아요. 술은 누가 제일 잘 드셨을까요?

아마도 부처님을 제외하곤 세 분 모두 막상막하였을 것 같구나. 『향연』을 보면 소크라테스님은 밤새도록 마셔도 취하지 않았다는 기록이 있고, 『논어』에는 공자님도 술을 많이 마셨지만 취하지는 않았다는 기록이 있어. 예수님도 워낙 먹고 마시는 걸 좋아했지만 취했다는 이야기는 없으니 말이야.

아빠하고 경쟁하면 아빠가 이겼을까요?

글쎄다. 다음번에 모두들 모시고 한 번 자리를 마련해야 할 텐데…….

여보, 지금 아이들 앞에서 술 이야기하는 거예요?

난 죄가 없어요. 성준이가 물어봐서 대답해 준 것뿐이에요. 흐흐.

소크라테스 할아버지만 서양 사람이고, 다른 분들은 동양 사람에 가까워요.

그렇게 볼 수도 있겠다. 이스라엘도 중동에 들어가니까. 나도 하나 말하자면 소크라테스님과 예수님은 사후 세계를 믿으셨고, 공자님과 부처님은 현세주의자였던 것 같구나.

결혼 안 한 총각은 예수님밖에 없네요.

제 명을 다 사신 분은 공자님과 부처님, 나머지는 사형수!

사형수라고 말하니까 좀 무시무시하다.

이제 충분히 공통점과 차이점은 말한 것 같네. 이제 이분들이 위대한 성인인 이유를 한번 생각해 볼까? 카를 야스퍼스가 '역사적으로 깊이 있고 지속적인 영향'을 근거로 들었다는 이야기는 앞에서 했었지? 너희는 어떻게 생각하니?

여보, 아이들한테 너무 어려운 질문 아니에요?

그런가?

괜찮아요, 해 볼게요. 저는 이분들의 위대함을 '사랑'이라고 생각해요. 그것도 '차별 없는 사랑'이라고 말하고 싶어요.

그래?

공자님은 제자를 받을 때 계급과 관계없이 제자를 받으셨잖아요. 그리고 부처님은 인도의 엄격한 카스트제도①를 뛰어넘어 신분 차별 없는 자비를 실천하셨고요. 소크라테스님도 신분이나 성별, 국적과 관계없이 누구와도 평등하게 대화를 나누셨어요. 그리고 예수님은 말할 것도 없지요. "원수를 사랑하라."고 말씀하셨을 정도니까요.

우와, 형! 다시 보이는데.

그래, 우리 성준이 대단하네. 엄마도 생각 못해 본 건데.

아빠도 가족 의견에 동의! 멋지다. 다른 이야기 해 줄 사람?

그럼 저도 할래요.

오케이.

**① 카스트제도**
주요한 4개 계층으로 구성된 인도의 계급 제도이다. 종교를 담당하는 브라만, 국가를 통치하고 다스리는 크샤트리아, 생산활동과 관련된 일을 담당하는 바이샤, 천한 일을 담당하는 수드라로 나뉘어 있다. 부처는 크샤트리아에 속해 있었지만, 같이 수도하는 공동체는 모든 계습이 평등하게 지냈다.

네 분의 위대함은 친절함이에요.

엄마도 친절한데, 그럼 엄마도 위대한 거야?

그런 친절함이 아니라 평범한 사람도 알아들을 수 있도록 잘 말해 주는 거!

아하! 그러니까 어려운 이야기를 쉽게 해 주는 거?

네.

그래, 아빠도 민주 의견에 동의해. 위대한 성인은 당대의 문제를 외면하지 않고, 치열하게 고민했지만 사람들에게 쉽게 다가갔지. 민주의 말을 따라 나는 그것을 '위대한 친절'이라 이름 붙이고 싶구나.

위대한 친절이요? 그렇게 말하니까 참 근사해 보여요. 친절한 아빠, 감사합니다.

그럼 나도 하나 이야기해 볼까? 나는 네 분이 위대하다는 근거가 당대의 우상들을 철저히 파괴한 것이라고 생각해.

무슨 이야기예요?

사람들은 오랫동안 내려온 관습을 전통이라고 생각하며 무조건 받아들이려고 하지요. 그런데 이 네 분은 그렇지 않았어요. 공자님은 군사력과 경제력만이 최고라고 생각하는 당대 지배층의 고정관념을 부수고 사랑과 정의를 실천하라고 평생을 주장했어요. 부처님은 신에게 의존하고, 자기중심성에 갇혀 있었던 당대의 종교 전통을 깨고 자신을 없애는 삶이 진정한 지혜라고 말하며 몸소 실

천했어요. 소크라테스님도 마찬가지지요. 아테네 사람들의 독선과 우월주의를 부수고, 진정한 지혜는 '자신이 아무것도 모른다'는 것을 깨닫는 데서부터 출발해야 한다고 말하다가 사형당했잖아요. 예수님은 로마제국에 아부하고 하느님을 성전에 가두어 자신의 이익만을 챙기려는 당대의 권력층에 맞서서 가난한 사람들이 즐겁게 살아갈 수 있는 하느님 나라를 외치다가 사형당했고요. 모두가 당대의 가장 근본적인 문제를 비판하며 두터운 고정관념을 파괴하려는 노력이었다고 생각해요. 이거야말로 인류 역사에 가장 큰 저항이며 변화 지점이에요.

우와, 우리 아버지 웅변이 대단하신데.

내가 너무 흥분했나?

물 한잔 드세요. 숨넘어가시겠어요.

## 인간 문제-전쟁, 고통, 무지, 가난

당신 말을 듣다 보니까, 네 분이 핵심적으로 대결했던 상황이 떠오르네요.

그래요?

공자님 시대에 가장 큰 문제는 전쟁이었잖아요. 공자님은 전쟁의 혼란을 또 다른 전쟁으로 해결하는 것이 아니라, 사랑과 정의를 실천하는 위대한 군주가 평화롭게 해결하길 바랐고요. 그래서 군주들을 찾아다니며 정치적 충고를 아끼지 않았던 거잖아요.

그랬지요.

또 부처님은 사람이면 누구나 경험해야만 하는 고통의 문제를 해결하기 위해 평생을 바치셨잖아요. 한편 소크라테스님은 자신의 무지를 알지 못하는 사람들의 무지를 깨우치기 위해서 돈 버는 것조차 포기하셨고요.

그럼 예수님은요?

예수님은 식민지 상황에서 로마 제국주의와 종교 지배자층의 착취와 억압으로 가난하게 살아가는 민중들에게 대안적인 믿음과 삶을 보여 주고 싶었던 거고요.

우와, 정리 잘하는데요.

이렇게 모든 걸 곰곰이 생각하다 보니 네 분의 상황이 우리의 현실과 겹쳐지는 것 같아서요.

엄마, 그건 무슨 소리예요?

우리 시대를 생각해 봐. 전 세계적으로 전쟁이 끊이지 않고, 특히 우리나라의 경우에는 분단 상황이어서 항상 전쟁의 위험에 놓여 있지. 그리고 사는 게 힘들어 자살하는 사람, 가난 때문에 비관하는 사람, 입시 위주의 교육 정책 때문에 고통받는 학생과 부모들. 그럼에도 어떻게 이 문제를 해결하면 좋을지 몰라 무지의 상태에 머물러 있는 지식인과 정치인들을 보면, 우리의 상황과 네 분이 살았던 시대 상황이 이렇게 일치하나 싶어서 깜짝 놀랄 정도야.

우와, 우리 엄마 대단하다.

당신의 통찰력에 무릎을 꿇고 싶소.

놀리지는 말고요.

농담이 아니라 진담이에요.

그래서 우리가 네 분의 지혜를 모아서 이 시대를 헤쳐 나갈 수 있는 실천 지침으로 삼으면 어떨까 싶네요.

좋아요. 그럼 어떤 실천 지침을 만들 수 있을까요?

우선, 전쟁에 대하여. 우리 집은 그 어떠한 전쟁도 반대한다. 전쟁 대신 평화를!

멋지다. 그럼 나도 하나 할래요.

형도?

나는 무지에 대해서. 우리 집은 당연하다고 생각하는 모든 것을 의심하고 끝까지 캐묻는다. 무지 대신 질문을!

그럼 나도 할래. 나는 고통에 대해서. 우리 집은 우리의 행복만 추구하느라 타인의 고통을 외면하지 않는다. 집착 대신 사랑을!

그럼 이번엔 내 차례인가? 나는 가난에 대하여. 우리 집은 가난을 편안하게 생각하고, 이웃과 더불어 즐거움을 나눈다. 소유 대신 나눔을!

아주 근사한 실천 지침이 되었네요. 성준이가 도화지에 정리해 보자.

**〈위대한 가족 실천 지침〉**

- 그 어떠한 전쟁도 반대한다.
  **전쟁 대신 평화를!**
- 당연하다고 생각하는 모든 것을 의심하고 끝까지 캐묻는다.
  **무지 대신 질문을!**
- 우리의 행복만 추구하느라 타인의 고통을 외면하지 않는다.
  **집착 대신 사랑을!**
- 가난을 편안하게 생각하고, 이웃과 더불어 즐거움을 나눈다.
  **소유 대신 나눔을!**

가족 실천 지침을 만들었으니, 이제 각자가 간직하고 실천하고픈 성인들의 명언 하나씩 말해 보는 건 어떨까?

그것도 좋을 것 같네요.

그럼, 엄마 저부터요.

그래. 민주부터 해 보렴.

저는 공자 할아버지의 말씀 중에서, "아는 것은 좋아하는 것만 못하고, 좋아하는 것은 즐기는 것만 못하다."로 정할래요. 즐겁게 살려고요. 공부도 즐겁게 노는 것도 즐겁게, 모든 걸 즐겁게요.

좋구나. 성준이는?

저는 소크라테스님 말씀 중에서 "그저 사는 것이 중요한 것이 아니라, 잘 사는 것이 중요하다."로 할래요. 생각하며, 삶을 음미하며 잘 살아 보려고요.

그것도 좋네. 이번엔 엄마가 할까? 나는 부처님 말씀 중에서 "모든 존재가 행복하게 하라!"로 할게. 행복이야말로 양보할 수 없는 것이니까. 나도, 우리 가족도, 우리 이웃도^^

그럼, 마지막으로 나도 하나 할까? 예수님의 말씀 중에서 "새 술은 새 부대에 담아야 한다."로 할래.

그건 술 이야기잖아요?

아니야. 술에 비유했지만 삶의 이야기야. 새로운 삶을 살아가려는 사람은 낡은 틀에서 벗어나야 한다는 말씀이지.

오호, 그렇게 심오한 뜻이?!

자, 이제 정리해야 할 것은 대충 다 정리한 것 같다. 그만 정리하고 집으로 갈까?

아빠, 정말 중요한 것 하나를 빠뜨리셨어요.

맞아 맞아.

설마 당신…… 잊은 건 아니죠?

뭔데?

에이, 아빠가 소환마법에 대해 우리에게 알려 주시기로 했잖아요.

그래 맞아. 만약에 거짓말이면 우리가 원하는 건 다 들어주시기로 했어요.

아니, 너희들도 경험했잖니. 네 분 모두 우리 집에 오셔서 함께 식사도 하고 대화도 나눴잖아.

누가 그걸 의심한데요? 문제는 아빠가 어떻게 그분들을 현재로 소환했느냐는 거지요.

음……. 그건 다음 권에서 알려 줄게. 비밀을 너무 일찍 알려 주면 김이 새니까.

아빠! 그러는 게 어딨어요?

이건 반칙이에요.

그래도 소용없어. 궁금하면 '타임슬립 철학여행2' 『장자는 낚시터에서 무엇을 낚았을까?』를 보도록! 이상, 끝!

  아빠~~~

 여보~~~

## 참고자료

### 전체


카렌 암스트롱, 정영목 옮김, 『축의 시대』, 교양인, 2010
카를 야스퍼스, 권영경 옮김, 『위대한 사상가들』, 책과함께, 2005
강신주, 『철학 vs 철학』, 그린비, 2010


### 1. 배움의 즐거움을 아는 '지식 배달부' 공자


사마천, 김원중 옮김, 『사기열전』, 민음사, 2011
공자, 김원중 옮김, 『논어』, 글항아리, 2012
이덕일, 『내 인생의 논어 그 사람 공자』, 옥당, 2012
배병삼, 『한글세대가 본 논어』, 문학동네, 2002
배병삼, 『논어, 사람의 길을 열다』, 사계절, 2005
안핑 친, 김기협 옮김, 『공자평전』, 돌베개, 2010
강신주, 『관중과 공자』, 사계절, 2011
이기석·한용우, 『맹자』,홍신문화사, 2008
김용옥, 『맹자, 사람의 길—상』, 통나무, 2012


### 2. 여덟 가지 바른길을 일러 주는 '내비게이터' 부처


대한불교청년회 엮음, 『우리말 팔만대장경』, 모시는사람들, 2011
카렌 암스트롱, 정영목 옮김, 『스스로 깨어난 자 붓다』, 푸른숲, 2003
와타나베 쇼코, 법정 옮김, 『불타 석가모니』, 문학의숲, 2010
김용옥, 『도올 김용옥의 금강경강해』, 통나무, 1999
마스타니 후미오, 이원섭 옮김, 『불교개론』, 현암사, 2001
박노자, 『붓다를 죽인 부처』, 인물과사상사, 2011

### 3. 지혜를 낳도록 도와주는 '소크라테스 지혜 조산원'

플라톤, 최명관 옮김, 『플라톤의 대화편』, 창, 2008
플라톤, 박희영 옮김, 『향연 : 사랑에 관하여』, 문학과지성사, 2003
플라톤, 최현 옮김, 『파이돈』, 범우사, 1999
고트프리트 마르틴, 이강서 옮김, 『대화의 철학 소크라테스』, 한길사, 2004
안광복, 『소크라테스의 변명』, 사계절, 2004
안광복, 『처음 읽는 서양철학사』, 웅진지식하우스, 2007

### 4. 사람들의 몸과 마음을 치료하는 '예수 길거리 진료소'

『새번역 성서』, 대한기독교서회
존 도미니크 크로산, 김기철 옮김, 『예수』, 한국기독교연구소, 2007
폴 버호벤, 송설희 옮김, 『예수의 역사적 초상』, 영림카디널, 2010
김규항, 『예수전』, 돌베개, 2009
조철수, 『예수 평전』, 김영사, 2010
볼프강 슈테게만·에케하르트 슈테게만, 손성현·김판임 옮김, 『초기 그리스도교의 사회사』, 동연, 2012
차이더구이, 박영인 옮김, 『공자 왈 vs 예수 가라사대』, 지와사랑, 2012

소크라테스는 왜
우리 집 벨을 눌렀을까?

초판 1쇄 펴낸날 | 2019년 1월 31일
초판 3쇄 펴낸날 | 2021년 12월 16일

지은이 | 김경윤
그린이 | 최정규
펴낸이 | 홍지연
총괄본부장 | 김영숙
편집장 | 고영완
편집 | 정아름 김선현 전희선 조어진 박지연
디자인 | 전나리 박태연
마케팅 | 강점원 최은 이희연
관리 | 정상희
인쇄 | 스크린그래픽

펴낸곳 | ㈜우리학교
출판등록 | 제321-2009-26호(2009년 1월 5일)
주소 | 03992 서울시 마포구 동교로23길 32 2층
전화 | 02-6012-6094
팩스 | 02-6012-6092
홈페이지 | www.woorischool.co.kr
이메일 | woorischool@naver.com

ISBN 979-11-87050-83-4 43100

• 책값은 뒤표지에 적혀 있습니다.
• 잘못된 책은 구입한 곳에서 바꾸어 드립니다.